LETTRES
ODIQUES-MAGNÉTIQUES

DU

CHEVALIER DE REICHENBACH

Traduites de l'allemand

PUBLIÉES PAR L.-A. CAHAGNET

AUTEUR DES

Arcanes de la vie future dévoilés, etc., etc.

Seconde Édition

PARIS

LIBRAIRIE VIG(

10, RUE MONSIEUR-(

1897

LETTRES ODIQUES-MAGNÉTIQUES

DU

CHEVALIER DE REICHENBACH

LETTRES
ODIQUES-MAGNÉTIQUES

DU

CHEVALIER DE REICHENBACH

Traduites de l'allemand

PUBLIÉES PAR L.-A. CAHAGNET

AUTEUR DES

Arcanes de la vie future dévoilés, etc., etc.

Seconde Édition

PARIS

LIBRAIRIE VIGOT FRÈRES

10, RUE MONSIEUR-LE-PRINCE, 10

1897

INTRODUCTION

D'après la lettre qui suit, nous nous sommes fait un devoir de livrer à la publicité les lettres ODIQUES-MAGNÉTIQUES de M. Reichenbach, pensant que le plaisir que nous avons éprouvé à leur lecture serait partagé par les étudiants *magnétistes* et *métaphysiciens*, à quelque école qu'ils appartiennent. Les observations et démonstrations de ce savant sont trop neuves et trop indispensables à tout homme studieux pour qu'il puisse les ignorer. Le bien bon ami qui nous a gratifié de cette traduction désire que son nom ne soit point connu ; nous regrettons de ne pouvoir le faire connaître plus clairement du monde *magnétique* et *scientifique de toute classe* qu'il sert ainsi dans l'obscurité depuis une quarantaine d'années : nous le donnons comme exemple à suivre à ceux qui désirent posséder la vraie lumière, non pour la montrer éteinte sur les tréteaux où ils trônent ridiculement. Le vrai savoir, c'est la communion du savoir, c'est faire avancer les autres en se tenant derrière eux et non à leur tête. Voilà le rôle que notre ami a désiré remplir. Que Dieu l'en récompense, et que ceux qu'il oblige ainsi l'en récompensent par un souvenir de reconnaissance.

Nous prions nos lecteurs de respecter le mot à mot de cette traduction, comme l'a fait notre ami. Ce n'est pas toujours la phrase épurée qui contient le plus de choses. De plus, on sait que la langue allemande offre de très grandes difficultés à être traduite.

Mon cher ami,

En vous adressant la traduction des lettres odiques magnétiques de M. le chevalier de Reichenbach, je crois vous faire jouir d'un ouvrage précieux pour la science et vous initier dans un détail de faits dont vous avez déjà pressenti le résultat unitaire (que tout est lumière) mais dont ni vous, ni personne jusqu'alors n'ont pu se procurer la preuve matérielle.

M. de Reichenbach est un physicien distingué, en relation avec les savants renommés d'Allemagne, d'Angleterre, et même de notre France. Le docteur Ennemoser, savant médecin, et d'une grande érudition, de plus, magnétiseur profondément versé dans la science, très riche en productions littéraires sur le magnétisme, cite souvent, dans sa *Pratique mesmérienne* (1852), le dynamique dans ses rapports avec la force vitale de M. de Reichenbach (1849).

Il a fallu l'intuition, le savoir, la fortune, la patience, la liberté d'action et l'esprit délié de l'auteur pour parvenir à faire une analyse si approfondie de toutes les unités de forces de l'organisme vital en procédant par les inductions. Et si la plupart des hommes éclairés ont cru à une force universelle, aucun n'a su la définir ni s'en rendre raison.

M. de Reichenbach est le premier et le seul qui, par ses belles et multiples expériences, a dépouillé les unités de forces des faux attributs qu'on leur avait prêtés.

Il est le seul qui a mis au grand jour que tous les corps organiques vivants sont lumineux et colorés. Seul il a prouvé qu'il y a une force universelle qui pénètre tout dans l'univers ; il était donc en droit de rechercher et de lui appliquer un nom qui en fût le vrai signe vocal.

Et il l'a heureusement trouvé dans le sanscrit, une des langues les plus anciennes de la terre et dans ses dérivés. OD signifie donc la force universelle qui pénètre et jaillit rapidement en tout dans toute la nature avec une force incessante. Dorénavant on ne confondra plus cette force avec telle autre ; et, grâce aux lettres odiques, chacun y trouvera la manière de vérifier cette belle découverte en même temps qu'il élargira ses connaissances.

Recevez, mon cher ami, mes amicales salutations.

X.

———

LETTRES ODIQUES–MAGNÉTIQUES

DU

CHEVALIER DE REICHENBACH

1852.

—

1ʳᵉ LETTRE.

N'avez-vous jamais rencontré dans le cours de votre vie un certain nombre d'hommes qui avaient la singulière particularité d'avoir une antipathie contre tout ce qui est jaune? un citron, de l'or éclatant, et une belle orange offrent cependant un bel aspect. Qu'y peut-on trouver de répulsif? Demandez à ces personnes quelle est la couleur qui leur est agréable, elles vous répondront d'un commun accord; c'est la bleue. L'azur de la profondeur des cieux est d'un aspect bienfaisant ; mais si le soir cet azur est comme encadré d'or, le beau s'associe au plus beau — le magnifique apparaît. Si on me laissait le choix de demeurer dans un appartement tapissé ou peint en jaune ou dans un de couleur bleu-clair, il est probable que je donnerais la préférence au jaune ; tous les adversaires du jaune auxquels je tenais ce langage, se moquaient de moi et avaient pitié de mon goût. Je retourne la question et désirerais savoir de vous, si vous avez jamais rencontré un homme qui vous a dit qu'il détestait le bleu?

certes jamais ; pas un seul n'a eu horreur du bleu. D'où vient alors que certains hommes sont d'accord pour désaffecter le jaune, et de préférer le bleu ? Nous savons par l'étude des couleurs, que le jaune et le bleu se trouvent en certaines corrélations ; ce sont des couleurs complémentaires qui forment une espèce d'antithèse polaire. Y aurait-il par hasard quelqu'autre chose qui nous fût cachée en dehors de la simple activité d'optique sur notre visuel ?

Serait-ce une différence inconnue plus profonde que la simple différence optique des différentes couleurs que nous connaissons tous ? Et y aurait-il aussi pour les perceptions d'une semblable différence, une différence parmi les hommes, de façon que les uns seraient en état de percevoir ce que les autres ne pourraient pas reconnaître ? Et y aurait-il des hommes qui sont doués, pour ainsi dire, de double sens ? Ce serait une assez singulière chose ; essayons de la suivre de plus près.

Une fillette jette volontiers un regard sur le miroir. Il ne manque pas d'hommes qui voient également avec un certain plaisir se reproduire les traits de leurs visages. Mais serait-il possible qu'il y eût des filles, des femmes et des hommes, à qui le miroir répugne, qui s'en éloignent et ne peuvent supporter le reflet de leur propre image ? En vérité il existe de ces êtres. Il y a des hommes, et ils ne sont pas rares, à qui le miroir imprime un sentiment d'inquiétude, comme si un souffle *tiède*, *désagréable*, venait à eux et fût la cause de ne pouvoir persister une minute devant une glace. Le miroir ne leur renvoie non seulement leur image, mais leur projette encore une indicible et douloureuse impression : aux uns plus fortement, aux autres plus faiblement ; à d'autres si peu sensiblement, que la répulsion est *incertaine.*

D'où vient, et qu'est-ce que cela? pourquoi certaines personnes seulement sentent-elles cette contrariété, et pas toutes ?

Vous avez beaucoup voyagé, et il est impossible que dans les voitures publiques, omnibus, ou chemins de fer, vous n'ayez rencontré des hommes qui voulaient avec force et constance qu'on tînt les glaces des véhicules ouvertes : qu'il y eût vent ou froid à un haut degré, et sans égard pour les compagnons de voyage affligés de rhumes, rhumatismes, etc. ; ces hommes étaient insupportables, selon vous? Vous appeliez cela un manque d'éducation ; mais retenez un peu votre jugement, je vous en prie, tant au moins que plusieurs de mes lettres auront passé devant vos yeux ; peut-être obtiendrez-vous alors la conviction, que dans l'enceinte d'une société très compacte il se passe encore des choses inconnues assez fortes pour qu'elles deviennent insupportables aux uns, tandis que d'autres n'en ont aucune perception.

Ne connaîtriez-vous pas parmi vos amis un capricieux qui, à table, au théâtre, en société, à l'église, ne veut s'asseoir dans les rangs parmi les autres, et qui a constamment la prétention d'occuper une place du coin ? Observez cet être ! c'est notre homme : nous ferons bientôt connaissance plus intime avec lui.

Vous avez sans doute déjà observé des femmes bien portantes, et qui se trouvent mal jusqu'à tomber en syncope dans une église ?

Beaucoup de personnes ne peuvent s'endormir couchées sur le côté gauche, et s'endorment tout aussitôt qu'elles se sont couchées sur le côté droit. A d'autres il est indifférent de coucher sur l'un ou l'autre côté pour bien dormir. Il y a des hommes qui ne peuvent manger sans le plus grand dégoût avec des cuillères de métal de packfung, d'argentan de Chine, tandis que d'autres n'y prêtent aucune attention. Beaucoup ont une répulsion contre les mets chauds ou trop cuits, contre le gras, contre les douceurs : ils préfèrent les mets simples faiblement acidulés. Un bon nombre ont une prédilection pour la salade, et ils disent qu'ils donneraient volontiers tous les autres mets pour de la salade. D'autres ne peuvent concevoir cette extravagante et anormale fantaisie. Il y en a qui ne supportent pas que quelqu'un soit placé tout près derrière eux ; ceux-ci fuient les masses, les réunions d'hommes et les marchés.

Plusieurs se trouvent contrariés quand on leur présente la main ; ils ne supportent pas qu'on retienne leur main pendant un peu de temps ; ils se dégagent, et s'en vont. Combien y en a-t-il qui ne peuvent supporter la chaleur d'un poêle de fer mais très-bien celle d'un fourneau de faïence. Il y a des centaines de ces faits singuliers qu'on ne peut attribuer ni à l'imagination ni à l'éducation, ni à l'habitude. Ces apparitions ne sont jamais isolées, mais au contraire, associées les unes aux autres. L'ennemi du jaune craint le miroir. Celui qui veut s'asseoir à un coin, veut que les glaces de la voiture soient levées. Le dormeur à droite se trouve mal à l'église. Ceux qui craignent de manger avec les métaux cités, préfèrent les mets froids simples, rejettent les douceurs et le gras, et sont amoureux de la salade. Cela se continue chez les mêmes êtres dans une chaîne non interrompue de l'antipathie contre le jaune, jusqu'à celle contre le sucre; de l'amour du bleu, jusqu'au désir avide pour la salade. Il y a solidarité de ces singulières particularités chez leurs possesseurs. L'expérience prouve que qui connaît les uns, connaît les autres.

Il résulte clairement de ceci, qu'ils sont entre eux dans un rapport évident, que leur liaison sort d'une source commune inconnue.

Mais si cette source est dans quelques hommes et non dans les autres, il est clair qu'à ce point de vue il y a effectivement deux sortes d'hommes; des ordinaires qui ne possèdent aucune de ces irritabilités, et en particulier des irritables qui, par le plus menu motif sont excités dans le sens susdit, On peut appeler ces derniers SENSITIFS, car ils ont souvent plus irritables que la plante du nom sensitive (*mimosa pudica*) : ils le sont par leur nature qu'ils ne peuvent abdiquer ou vaincre à volonté. Leur nombre n'est pas petit ; nous verrons bientôt à quelle profondeur ces choses atteignent dans la société humaine, desquelles je n'ai voulu vous donner ici qu'une teinte superficielle.

—

2e LETTRE.

L'od, les cristaux et la chambre obscure.

D'après les indications que je vous ai données, vous avez sans doute réussi à trouver parmi vos connaissances quelqu'un qui fait partie de ceux que je nomme sensitifs. Ce n'est pas très difficile d'en trouver : partout ils sont en nombre ; et si vous ne pouvez pas vous en procurer qui soient en bonne santé, informez-vous de ceux qui ont le sommeil pénible, qui jettent leur couverture, parlent pendant le rêve et même se lèvent, souffrent de courtes migraines et souvent de maux d'estomac qui passent rapidement, qui se plaignent de dissonnance nerveuse, n'aiment pas la grande société, se bornent de préférence à quelques amis ou cherchent la sollitude. A une rare exception près, tous ces gens-là sont plus ou moins d'un naturel sensitif. Mais tout ceci n'est que le côté trivial de la question sur laquelle vous me consultez ; au point de vue de la pierre de touche scientifique, il apparaît des choses d'une toute autre importance. Procurez-vous un cristal de roche naturel aussi grand que possible, un spath gypseux, par exem-

ple, d'environ deux palmes de long, ou un tungs-
tire, ou un cristal de roche du mont Gothar, d'un
pied de long ; posez-le horizontalement sur le coin
d'une table ou d'une chaise, de sorte que les deux
bouts le dépassent librement. Mettez alors une
personne sensitive devant le cristal, en l'invitant
d'approcher le plat de la main gauche des bouts
dudit cristal à trois, quatre ou six pouces de distance ; il ne se passera pas une demi-minute sans
que le sensitif vous dise que, du bout de la pointe
supérieure du cristal, il lui vient un souffle fin et
frais contre la main, et que, par le fond sur lequel
le cristal a pris croissance, il lui vient quelque
chose de tiède à la main. Elle trouvera le souffle
frais, agréable et refraîchissant, et le tiède désagréable et accompagné d'une sensation contra-
riante et presque répugnante, qui, si elle durait
un peu, s'emparerait de tout le bras en lui imprimant comme une fatigue. Lorsque je fis cette observation pour la première fois, elle était aussi
neuve qu'énigmatique ; personne ne voulut y
croire. En attendant, je l'ai répétée à Vienne avec
des centaines de sensitifs ; on l'a trouvée avérée en
Angleterre, en Ecosse, en France, et chacun
peut en faire la preuve, car il y a des sensitifs
partout. Tenez votre main gauche à la proximité
d'autres points du cristal, par exemple, contre
ses arètes latérales, vous sentirez également tantôt quelque chose de tiède, tantôt une perception
de fraîcheur, mais partout, par comparaison,

plus faible qu'aux deux bouts qui sont en opposition polaire. Comme les sensations opposées sont excitées sans qu'on touche les cristaux, étant à la distance de plusieurs pouces, il devient évident qu'il sort quelque chose de ces soi-disant pierres à demi-organisées, qu'il en découle et rayonne, ce que la physique ne connaît pas encore et qui annonce son existence par des impressions matérielles, quoique nous n'ayons pas la faculté de la voir. Mais, comme les sensitifs, par leur impressionnabilité, sont notablement plus aptes à percevoir que d'autres hommes, l'idée me vint de savoir s'ils ne pourraient nous surpasser encore sous certains rapports par le sens visuel, s'ils ne seraient pas en état d'apercevoir quelque chose de ces émanations des cristaux dans une profonde obscurité.

Pour en avoir la preuve, je portai dans une sombre nuit (mai 1844) un grand et puissant cristal de roche chez une demoiselle Angélique Sturmann, sensitive à un haut degré. Le hasard voulut que son médecin, le professeur Lippioh, très en renom parmi les pathologues, fût présent. Nous établîmes une obscurité parfaite dans deux chambres, dans l'une desquelles je posai le cristal. Il ne se passa qu'un peu de temps avant qu'elle me désignât le lieu où je l'avais déposé. Elle me dit que tout le cops du cristal était pénétré d'outre en outre par une fine lumière, et qu'au-dessus de la pointe s'élevait une flamme bleue de la

grandeur d'une main, ayant un mouvement ondu-
leux et constant, parfois scintillant, en forme de
tulipe et se perdant par le haut en fine vapeur.
Lorsque je retournai le cristal, elle vit s'élever du
côté obtus une fumée moite, rouge, jaune. Vous
pouvez vous imaginez le plaisir que cette déclara-
tion me fit. Ce fut ma première observation.
Parmi de milliers d'autres qui se sont succédées depuis sur les cristaux avec d'innombrables variations, et par lesquelles le fait fut bien établi par
une quantité de sensitifs que les perceptions sen-
suelles, qui arrivent par les cristaux, sont accom-
pagnées d'apparitions lumineuses qui se suivent
peu à peu, étant bleues, rouge à jaune, les couleurs sont polairement opposées. l'une à l'autre, et
ne peuvent êtres aperçues que par des personnes
sensitives. Si vous voulez répéter ces essais, il faut
que je vous dise que vous ne pourrez avoir de résultats favorables que dans l'obcurité absolue. La
lumière du cristal est si fine et généralement si
faible, que si l'on apercevait un indice d'une autre
lumière dans la chambre obscure, cela suffirait
pour éblouir l'observateur, c'est-à-dire pour amor-
tir momentanément son aptitude sensitive à percevoir une si faible lumière. De plus, peu de personnes sont aussi fortement sensitives que la demoiselle
citée. Chez des sensitifs moyens, il faut pour la
plupart du temps un séjour d'une à deux heures dans
l'obscurité, jusqu'à ce que leur œil soit délivré suffi-

samment de la surexcitation de la lumière du jour
ou de la lampe, et qu'il soit assez préparé pour
reconnaître la lumière du cristal. Oui ! il m'est
arrivé, dans beaucoup de cas où des sensitifs faibles n'avaient encore rien aperçu dans la troisième
heure, et qui cependant, dans la quatrième, sont
parvenus à très bien voir luire les cristaux et à se
convaincre de la réalité de leur projection lumineuse. Dès lors vous serez impatients d'apprendre
quelle signification donner à cela, et où caser ces
apparitions en physique et en physiologie. D'après
leur consistance subjective et objective, elles ne
sont pas de la chaleur (calorique), malgré qu'elles
font surgir des sensations qui ressemblent au tiède
et au frais ; car ici on ne peut imaginer une source
de calorique, et, s'il y en avait une, non-seulement les sensitifs la sentiraient, ainsi que les non
sensitifs, et mieux encore un fin thermoscope.
Elles ne sont pas de l'électricité, car l'excitation
manque pour l'effluve éternelle qui source ici.
L'électroscope n'est point affecté, et une dériva-
tion d'après les lois électriques est sans action. Ce
ne peut être ni magnétisme ni dia-magnétisme,
puisque les cristaux, ne sont pas magnétiques, et
que le dia-magnétisme n'agit pas dans le même
sens dans tous les cristaux, mais très-différemment
et en sens opposé ; ce qui n'a lieu ici d'aucune façon. Cela ne peut être de la lumière ordinaire ;
car, quand même cette lumière apparaîtrait ici,
cette lumière ne produit nulle part des sensations

tièdes et fraîches. En somme, que sont les apparitions décrites ? Si vous désirez le savoir absolument, vous me forcez d'avouer que je ne le sais pas moi-même. J'ai devant moi les manifestations d'un dynamide qu'il m'est impossible d'enregistrer parmi ceux qui sont connus. Si je ne fais erreur dans mon jugement sur les faits acquis, cela prendra le milieu entre le magnétisme, l'électricité et le calorique ; mais cela ne peut être identifié avec aucun des trois, et dans cette perplexité, je l'ai, en attendant, désigné (nommé) Od, dont je vous donnerai l'étymologie une autre fois.

3ᵉ LETTRE.

Le soleil, la lune et l'iris.

Vous connaissez les sensitifs ainsi que l'élement dans lequel ils se montrent, c'est-à-dire le dynamide auquel j'ai donné le nom d'od ; mais par là nous n'avons encore touché qu'à un coin de la bordure du grand vêtement dans lequel toute la nature s'est enveloppée avec lui. Cette merveilleuse force ne découle pas uniquement des pôles des cristaux, elle jaillit encore d'une quantité d'autres sources de l'univers avec une force égale sinon supérieure. De prime-abord je vais vous conduire devant les astres, à commencer par le soleil. Placez une personne sensitive à l'ombre, mettez dans sa main gauche un tube vide d'un baromètre ou un autre tube de verre, ou même un bâton ; faites-

lui placer ce tube dans les rayons du soleil tandis
que la personne et la main restent à l'ombre. Bientôt vous apprendrez quelque chose de cette simple
expérience qui vous étonnera. Vous vous atten-
drez peut-être que la personne qui fera cet essai
sentira le chaud? Elle vous dira tout juste le contraire. La main sensitive percevra des impressions
diverses, mais le résultat sera la fraîcheur. Placera-
t-elle le tube à l'ombre, la fraîcheur disparaîtra, et
elle sentira que le tube devient chaud. Le repla-
cera-t-elle derechef dans la lumière du soleil, elle
sentira encore revenir le frais ; elle pourra ainsi
contrôler alternativement l'exactitude de sa propre sensation. Il existe donc des circonstances très-
simples qui n'ont pas été observées jusqu'ici, dans
lesquelles le rayon solaire immédiat non-seulement
donne chaud, mais même froid de la façon la plus
inattendue et la plus singulière. Les sensitifs vous
diront que cette fraîcheur est analogue dans sa
manière d'agir à celle que la pointe du cristal de
roche possédait. Si donc cette fraîcheur est de la
nature de l'OD, il faut nécessairement que d'une façon ou d'autre elle se laisse exprimer comme apparition lumineuse dans l'obscurité ; et cela vous
réussira si vous voulez répéter l'essai qui suit. Je
conduisis d'une chambre éclairée un fil de cuivre
dans les ténèbres de la chambre obscure ; puis je
posai l'extrême bout de ce fil dans les rayons solaires. Je ne l'eus pas plutôt posé ainsi, que la partie
du fil qui était dans la chambre commença à deve-

nir lumineuse, et qu'à son extrémité s'éleva une
espèce de petite flamme de la grandeur d'un doigt.
Ainsi, le rayon solaire versa de l'oᴅ dans le fil de
cuivre, que les sensitifs virent découler dans l'obscurité sous forme de lumière. Allez un peu plus
avant ; faites tomber le rayon solaire sur un bon
verre prismatique et jetez les couleurs de l'iris contre le mur le plus près ; faites éprouver ces couleurs
l'une après l'autre par une personne sensitive ayant
le tube de verre dans la main gauche. Si elle le
tient de façon à ne recueillir dans l'air que la couleur bleue et la violette, la sensation sera excitée
par la fraîcheur d'une manière fort agréable et plus
fraîchement qu'elle ne l'a été par le rayon solaire
dans son intégrité.

Si au contraire elle porte le tube dans le jaune
et mieux encore dans le rayon rouge, alors disparaîtra soudain la bienfaisante fraîcheur, pour faire
place au chaud ; une tiédeur et un malaise alour-
diront bientôt tout le bras. Au lieu du tube vous
pouvez aussi faire plonger un doigt nu de la sensitive dans les couleurs, le résultat sera le même.
J'ai donné la préférence au tube pour exclure la
coopération des véritables rayons du calorique sur
la main par un mauvais conducteur du calorique.
Les produits décomposés de la lumière du soleil
furent exactement similaires à ceux des pôles des
cristaux. Il ressort de là qu'oᴅ, dans ses deux manières d'agir, est contenu dans les rayons solaires ;
il efflue à chaque moment dans une quantité incom-

mensurable de notre astre du jour avec la lumière
et avec le calorique, et forme un nouveau et puissant agent dans lui, dont nous ne pouvons pas encore entrevoir la portée. Permettez-moi maintenant de jeter un regard rétrospectif sur les enne-
mis du jaune et les amis du bleu dont il est question dans ma première lettre. N'avons-nous pas vu
que le pôle du cristal qui a exhalé une fraîcheur
agréable a donné une lumière bleue, et ne retrou-
vez-vous pas ici, par une toute autre voie, que la
lumière solaire, par son rayon bleu, donne une
fraîcheur agréable, en sens inverse, la lumière rouge
et jaune de l'autre pôle du cristal? de même le
rayon jaune et rouge n'a-t-il pas excité de doulou-
reuses sensations par un souffle tiède et contraire
aux sensitifs? Vous voyez que dans les deux cas, si
infiniment distincts l'un de l'autre, le bleu est
toujours accompagné par des sensations agréables,
et le rouge-jaune par des sensations contraires.
Partant, vous obtenez un premier indice qui vous
rendra attentif contre un prompt jugement sur les
soi-disant caprices des personnes sensitives. Remarquez qu'en effet il doit encore être caché quelque autre chose dans le jaune et le bleu de nos
couleurs que la simple action optique sur le réseau
de notre œil, et qu'un profond instinct pour une
chose fine et inconnue guide ici le jugement de nos
sensitifs ; cela mérite tous les efforts de notre attention. Mais abstraction faite des couleurs, je veux
vous présenter un autre essai facile que j'ai fait

souvent pour distinguer le contenant de l'od des rayons solaires. Polarisez ces derniers à la manière ordinaire et laissez-les tomber sous 35 degrés sur un troupeau d'une douzaine de feuilles de verre ; laissez alors plonger le tube que le sensitif tiendra dans sa main gauche tantôt dans la lumière repoussée, tantôt dans celle qui a passé ; vous l'entendrez toujours dire que la première donne une fraîcheur odique et la dernière un tiède désagréable. Si vous êtes de bonne humeur, vous pourrez par ce qui suit narguer un peu les chimistes. Prenez deux verres d'eau semblables : mettez l'un dans la lumière solaire repoussée et l'autre dans celle qui a passé. Après 6 ou 8 minutes de séjour, faites déguster l'eau par un sensitif. Il vous dira de suite que l'eau de la lumière repoussée est fraîche et un peu acidulée, et que celle de la lumière passée est tiède et légèrement amère. Faites encore une chose : posez un petit bocal en verre rempli d'eau dans la lumière bleue de l'iris et un autre dans le rouge-jaune, ou posez-en un au bout de la pointe d'un grand cristal de roche et un autre au-dessous du côté obtus, vous pouvez être assuré que dans ces deux cas le sensitif trouvera toujours l'eau sortant de la lumière bleue agréable, délicate, acidulée, et celle sortant de la rouge-jaune dégoutante, un peu amère et acerbe. Il boira le premier avec jouissance, si vous le lui permettez ; mais si vous voulez le forcer à vider l'autre, il pourra vous arriver comme à moi que peu après le sensitif vomira à grands efforts. Maintenant donnez ces eaux à messieurs les analyseurs chimistes, et qu'ils vous en extraient l'amarum et l'acidum !

Procédez avec la lumière de la lune comme vous l'avez fait avec celle du soleil, vous obtiendrez des résultats semblables, mais en partie polairement inverse. Un tube de verre tenu par la main gauche d'un sensitif dans la pure et pleine lumière de la lune ne lui donnera point de fraîcheur, mais lui semblera tiède. Un verre d'eau qui aura séjourné au clair de la lune lui paraîtra plus tiède et d'un plus mauvais goût que celle qui a resté pendant le même temps à l'ombre. Tout le monde connaît la grande influence que la lune exerce sur quantité d'hommes ; toutes les personnes qui sont sous sa pression sont sans exception des sensitifs et dans la règle assez délicats. Comme il est prouvé que la lune émet-exerce des produits (actes) odiques et que son influence sur les lunatiques concorde parfaitement avec ceux qu'on peut obtenir d'autres sources odiques, cet astre devient d'une grande signification pour nous comme effluent l'OD. Ainsi, la lumière du soleil et de la lune nous éradient si richement la force odique, que nous pouvons la recueillir facilement et la maintenir dans les simples expériences que je vous ai citées. Bientôt vous recevrez des preuves de son incommensurable influence sur le genre humain et partant sur les règnes animal et végétal. L'OD est en *tout* comme dynamique cosmique ; il rayonne d'étoile en étoile, et, de même que la lumière et le calorique, il embrasse l'univers entier.

—

Le magnétisme.

Ces lettres s'appellent odiques-magnétiques ; pourquoi donc magnétiques ? qu'y a-t-il donc de magnétique dans elles, me demandez-vous ? Je suis presque tenté de vous répondre, peu ou rien du tout. Mais il a plu aux hommes de nommer magnétiques un certain nombre d'apparitions qui ont un rapport avec lui, et je suis bien forcé de me résigner encore à cette nomenclature. La cause en est dans la circonstance que le magnétisme est porteur de forces odiques telles que la lumière du soleil et celle de la lune ont à leur suite, telles qu'elles sortent des pôles des cristaux, et telles qu'elles jaillissent encore de nombreuses sources qui n'ont rien de commun avec le magnétisme de la manière que nous l'avons compris jusqu'ici.

Laissez-nous jeter quelques regards sur les rélations réciproques entre od et magnétisme.

Placez une bonne barre de fer aimanté à travers le coin d'une table, de façon que les deux bouts dépassent la table, ainsi que vous l'avez fait avec le grand cristal.

Arrangez votre table de façon que la barre soit placée dans le méridien à l'instar d'une aiguille aimantée (boussole) ; le pôle nord contre nord, et le pôle sud contre sud ; mettez un sensitif devant, et laissez-le approcher lentement le creux de la main gauche tantôt d'un pôle, tantôt de l'autre à la distance de quatre à six pouces.

Par ce procédé vous recevez de lui les mêmes déclarations qu'il a déjà données sur les cristaux, c'est à dire qu'un pôle, celui qui est dirigé vers le nord, envoie un petit air frais contre la main, et l'autre tourné contre le sud, un soufflé tiède et désagréable. Vous pourrez encore mettre un verre d'eau à chaque pôle, et la faire goûter par les sensitifs après six à huit minutes. Ils vous diront que l'eau placée dans la direction du nord est fraîche, et celle du pôle sud tiède et désagréable ; et si vous voulez par là encore une fois jouer niche à nos chimistes, ils en seront vexés, et pour sortir d'embarras, ils nieront rondement votre expérience ; quoiqu'elle soit claire comme la lumière du jour, ils diront qu'elle n'est pas vraie... Nous pouvons rire de la nudité que présente çà et là la chaire doctorale, car la vérité de la nature ne peut être transformée en mensonge par une contradiction sans preuves.

Contre leur gré ces messieurs seront bientôt forcés de se raviser.

Vous trouverez naturel que les suppositions qui m'ont conduit dans l'obscurité avec les cristaux, ont dû aussi surgir chez moi à l'occasion de l'aimant. Je fis le premier essai avec demoiselle Maria Nowstny à Vienne (en avril 1844) et je la répétai ensuite par centaines de fois avec d'autres sensitifs dans la chambre obscure. C'est avec une bien grande satisfaction que je vis mes suppositions justifiées, lorsqu'en premier lieu la personne citée me déclara qu'à chaque bout de la barre se dégageait une flamme lumineuse, ardente, fumante, et jetant des étincelles, vers le pôle nord, bleues, et vers le pôle sud jaune-rouge. Mais faites vous-même ce facile essai ; variez ensuite ; posez un fer aimanté debout dans le sens vertical, que le pôle sud soit en haut ; vous entendrez par le sensitif que la flamme grandit. Si l'aimant est d'une force suffisante, elle s'élèvera jusqu'au plafond de l'appartement, et produira là un rond-point lumineux de un, deux, jusqu'à trois pieds de diamètre, si clair, que le sensitif, s'il est assez irritable, pourra vous détailler les pointures qu'il y remarque. Mais je vous préviens, ne négligez aucunement les règles de prudence que je vous ai données pour obtenir une obscurité absolue, ainsi que de préparer les yeux de votre sensitif pendant des heures entières, sinon il ne verrait rien, vous travailleriez gratuitement, et la ponctualité de mes paroles courrait risque d'une suspicion imméritée.

Cette apparition lumineuse sera encore plus belle à l'œil, si vous faites emploi d'un aimant en forme de fer-à-cheval, et le posez debout, les deux pôles vers le haut. J'en possède un, fer-à-cheval à neuf lames, d'une force d'attraction de 100 livres ; tous les sensitifs voient découler de chacun de ses pôles

une fine lumière ; ainsi, deux lumières l'une à côté
de l'autre qui ne s'attirent pas, qui ne s'anéantis-
sent pas, qui n'agissent pas l'une sur l'autre à la
manière des forces magnétiques de deux pôles,
mais qui s'élèvent haut et paisiblement l'une à côté
de l'autre, fourmillant d'innombrables petits points
d'une blancheur lumineuse, et formant ensemble
une colonne de lumière de la grandeur d'un
homme ; tous ceux qui l'ont vue, l'ont décrite
comme admirablement belle. Elle s'élève verticalement jusqu'au plafond, et y forme un rond espace éclairé d'un diamètre de près d'une toise ; si
le spectacle dure un peu de temps, tout le plafond
deviendra bientôt visible. Si un pareil aimant est
posé sur une table, son émanation flamboyante
éclairera sa surface, et tous les objets qui sont dessus. L'ombre se fera voir derrière la main qu'on
passe à travers. Si on tient un corps plat, une
planchette ou une feuille de verre ou de métal
dans l'apparition flamboyante, elle se plie contre
eux, et passe par dessous, tout à fait comme une
flamme ordinaire quand on y pose une casserole ou
un pot. Lorsqu'on y souffle, elle ondoie comme
fait la lumière d'une bougie. S'il survient un courant d'air, ou se meut-on avec l'aimant, elle se
couche de côté dans la direction du courant d'air,
semblable à un flambeau qui est en mouvement.
Met-on un verre lenticulaire à sa proximité, on
pourra recueillir la lumière dans son foyer, et la
condenser. Ainsi, cette émanation est matérielle, et

beaucoup de ses propriétés sont communes à la
flamme. Si l'on en réunit deux, de façon à ce
qu'elles se rencontrent en se croisant, elle ne se
rencontrent pas par des attractions et répulsions,
mais elles se pénètrent réciproquement, et toutes
deux poursuivent leur chemin sans obstacle. L'une
d'elles est-elle plus forte et pourvue d'une plus
grande force de projection, elle pénètrera la plus
faible de façon à la fendre, et les deux glissent autour d'elle. Même chose arrivera lorsqu'on y plonge
une baguette ou une barre ; elle fend la flamme, et
celle-ci se réunit de nouveau derrière elle. Et de
même que les sensitifs ont vu les cristaux en fine
lumière qui pénétrait toute leur substance, de
même voient-ils l'acier de l'aimant d'outre en
outre comme dans une espèce de brasier blanchâtre. L'electro-aimant se comporte tout à fait de
même manière. Ces propriétés, comme vous le reconnaissez aisément, ne possèdent aucun parallélisme avec le magnétisme, elles sont particulièrement odiques.

Si l'on compare un spath gypseux à une barre aimantée, les deux à peu près de même poids, on
trouve que les écoulements odiques des pôles similaires ne diffèrent pas essentiellement dans l'action
de sensibilité ni en lumière. Oui : on trouve que le
cristal est encore supérieur à l'aimant en force odique, que sa fraîcheur et sa chaleur sont plus prononcées, et la force lumineuse plus grande. Mais le
cristal ne contient point de magnétisme.

Ainsi, vous avez ici « OD » joint au magnétisme, et « OD » sans magnétisme; dans les deux cas OD d'une force égale. On ne peut donc nullement dire qu'OD se rattache ou n'est qu'une des propriétés du magnétisme lui-même.

L'OD se présente tout à fait séparée du magnétisme dans le cristal; et je produirais encore une foule d'exemples aussi frappants, où l'OD apparaît dans la plus grande force pendant que nul magnétisme (dans le sens ordinaire) n'est présent. Il faut donc regarder OD comme un dynamide subsistant pour soi, arrivant à la suite du magnétisme, comme il se présente à la suite des cristaux, des rayons solaires et beaucoup d'autres apparitions de la nature, auxquelles nous toucherons. Nous connaissons les grandes similitudes du magnétisme et de l'électricité ; nous savons que l'un apparaît si bien à la suite de l'autre et à l'inverse, que nous étions déjà très près de les tenir pour identiques. Lumière et calorique se comportent de même façon ; l'un fait surgir l'autre, ils se confondent à tout moment, et nonobstant nous ne sommes pas en état d'indiquer la procession commune dont ils dérivent. C'est ainsi qu'il en est avec l'OD. Nous pressentons sans doute qu'en dernière instance ces apparitions dynamistiques jaillissent d'une source commune; mais aussi longtemps que nous ne serons pas en état de procurer l'unité de l'iris, nous sommes astreints à traiter l'électricité, le magnétisme, la lumière et le calorique comme un groupe séparé d'apparitions.

Puisque nous voyons que les nombreuses apparitions odiques ne peuvent être rangées parmi aucun des dynamides connus, il ne nous reste qu'à les réunir entre eux, et de les poser comme un groupe particulier. Mes lettres suivantes prouveront qu'ils ne céderont ni en étendue, ni en signification à ceux qui jouissent déjà du droit de bourgeoisie dans la discipline physique.

—

5ᵉ LETTRE.

Magnétisme animal.

On entend de nouveau beaucoup parler du singulier phénomène que déjà, il y a plus de quatre-vingts ans, Mesmer a appelé magnétisme animal. Nos pères, nos grands-pères et bisaïeux l'ont rejeté en plein ; cependant il se relève toujours et ne veut pas mourir. Sur quoi repose donc cette vie tenace ? Est-ce sur le mensonge, sur la fraude ou sur la superstition, comme l'a prétendu brièvement un physiologue renommé de Berlin ?

Nous allons voir si ceux qui n'ont rien connu de mieux ont bien fait de répéter de semblables paroles.

Prenons cette fois de suite la chose par les cornes sans grand préambule. Conduisez un bon sensitif moyen et un haut sensitif dans l'obscurité; prenez avec vous un chat, un oiseau, un papillon, si vous

pouvez vous en procurer un, et plusieurs pots de
fleurs. Après plusieurs heures d'obscurité, vous
l'entendrez dire des choses curieuses : les fleurs
sortiront de l'obscurité et deviendront perceptibles ; d'abord elles se retireront du noir de l'obscurité générale sous la forme d'un nuage gris isolé ;
plus tard il se formera des points plus clairs ; à la
fin elles se sépareront, les fleurs isolées deviendront
distinctes, on reconnaîtra des formes qui apparaîtront de plus en plus claires. Un jour je posai un
pareil pot devant M. Endlicher, professeur de bo-
tanique renommé, qui était un sensitif moyen : il
s'écria avec un étonnement mêlé de frayeur :
« C'est une fleur bleue ! c'est une gloxinie ! » C'é-
tait effectivement glocinia speciosa, var. cœrulea,
qu'il avait vue dans l'obscurité absolue et qu'il a re-
connue par la forme et par la couleur ; mais sans
lumière on ne peut rien voir dans l'obscurité. Il a
fallu la présence de la lumière pour apercevoir la
plante avec une telle évidence qu'on a non seulement pu reconnaître la forme, mais encore la couleur. D'où arrivait cette lumière ici ? Elle sortait
effectivement de la plante elle-même ; elle éclai-
rait. Germes, anthères, pistils, corolles, tiges, tout
se faisait voir finement éclairé ; on pouvait même
remarquer les feuilles quoique plus mates ; tout
paraissait dans une délicate incandescence; les parties génitales plus distinctement, la tige plus claire
que la feuille. Votre papillon, votre oiseau, votre
chat, tous apparaîtront dans l'obscurité. Parties de

ces êtres deviendront lumineuses et se mouvront
avec vous çà et là ; mais bientôt le sensitif vous dé-
clarera qu'il vous voit vous-même. Tantôt vous
lui apparaîtrez comme un homme de neige in-
forme, tantôt cuirassé, un haut casque en tête,
enfin redoutable comme un géant luisant. Faites
regarder à la personne sensitive sa propre forme
un peu confuse, elle se trouvera elle-même luisante, non-seulement ses bras, ses pieds aussi, ses
jambes, sa poitrine, son corps à travers les habits,
elle verra tout dans une fine incandescence. Fixez
son attention sur ses mains : d'abord elles auront
une faible ressemblance avec une fumée grise ; ensuite elles ressembleront à une silhouette sur un
fond faiblement éclairé ; enfin les doigts paraîtront
avec leur propre lumière ; ils auront l'apparence
qu'ils gagnent en volume, lorsqu'on place sa main
devant et proche de la flamme d'une bougie, elle
paraîtra transparente. La main paraîtra plus longue qu'elle n'est en réalité. Il se trouvera à chaque
doigt un prolongement luisant, et de son extrémité
jaillira une lumière qui sera, selon les circonstances,
moitié ou aussi longue que chaque doigt lui-même.
Moyennant ces queues flamboyantes qui se trouvent à chaque doigt, la main semblera outrepasser
le double de sa grandeur réelle ; les dernières pha-
langes des doigts seront les plus claires, et ici aussi
la racine des ongles les surpassera en clarté.
Lorsque le premier étonnement sur la faculté lumineuse de tous les hommes, restée inconnue

jusqu'ici, sera passé et que vous voudrez diriger votre sensitif et lui demander des détails sur
leurs couleurs, vous entendrez peut-être avec une
nouvelle surprise que les couleurs dans les différentes parties du corps ne sont pas semblables ; que
les mains droites luisent d'un feu bleuâtre, pendant
que celles de la gauche apparaissent jaune-rouge,
et que par cette raison celles-là sont plus sombres
et celles-ci plus claires ; que la même différence
existe pour les deux pieds, que même tout le côté
droit de votre figure est plus sombre et bleuâtre
que le gauche ; voire même que tout le côté droit
de votre corps entier est bleuâtre et un peu plus
sombre, tout le côté gauche est rougeâtre-jaunâtre
et se présente sensiblement plus clair. Vous vous
rappellerez incontinent que vous touchez ici au
même contraste des couleurs que vous avez rencontré dans la lumière du cristal, dans les rayons solaires et dans la flamme de l'aimant.

Pourra-t-on trouver et fournir la preuve que le
parallélisme qui se trouve partout entre la lumière
odique fraîche et bleue, comme entre le tiède et
rouge-jaune, se trouve aussi dans la lumière de
l'homme ? Vous le tenez pour douteux, et cependant si un fait semblable ne se laisait pas prouver,
la nature de la lumière humaine resterait énigmatique. J'ai fait l'essai suivant, en août 1845, avec
Bollmann, menuisier à Vienne, âgé de cinquante
ans, sensitif moyen. Je mis ma main droite dans
sa main gauche, de façon que nos doigts se croi-

saient sans presque se toucher. Après une minute,
je remplaçai ma droite par mes doigts de la gauche,
je changeai ainsi plusieurs fois de main, et j'appris que le sensitif sentait ma main droite *de lumière bleue* plus fraîche que la gauche *de lumière
jaune* qui lui paraissait beaucoup plus chaude. Le
but de ma recherche était trouvé ! Je répétai les
faits acquis successivement avec plus de cent sensitifs, qui les confirmèrent autant de fois. J'étendis
alors l'expérience sur les pieds, sur les côtés du
corps, sur les joues, oreilles, yeux, les ailes du nez,
sur la moitié de la langue et en variant à l'infini.
Je n'obtins toujours qu'un seul résultat, celui
qu'au moyen de la main gauche sensitive on sentait
que tout le côté droit de chaque personne, n'importe qu'elle fût mâle ou femelle, est plus frais, et
par contre le côté gauche plus chaud. Ainsi, vous
voyez par là que l'homme de la droite à la gauche
est polarisé avec les mêmes conditions que le cristal entre les pôles de son grand axe. Comme l'aimant entre son nord et sud, comme la lumière solaire entre bleu et rouge-jaune ; comme ces effets
avec leurs caractères sont les mêmes, nous avons le
droit de conclure que les causes sont aussi les
mêmes ; qu'en conséquence l'homme aussi émane
de l'od, exactement dans les mêmes doubles formes
comme nous les avons observées jusqu'ici dans
toutes les autres sources odiques. J'ai fait éprouver des chats, des poules, des canards, des chiens,
des chevaux, des bœufs, tous furent trouvés de

même. Des plantes que j'ai fait examiner depuis la racine jusqu'aux feuilles ont fait voir qu'elles étaient soumises aux mêmes lois. Ainsi toute la nature organique vivante entière luit et déborde de richesse torrentielle de dynamides odiques ; et si vous voulez jeter votre regard sur ce fait si étendu dans son incommensurable portée dans le tout de la création de l'univers, il vous pointera un jour nouveau pour les faits dont on n'a nommé jusqu'ici qu'une petite fraction et bien improprement MAGNÉTISME ANIMAL. Je tâcherai, le flambeau de la théorie à la main, de parcourir avec vous rapidement ce terrain embrouillé.

Je viens de vous livrer la clef de la porte.

—

6ᵉ LETTRE.

L'homme porteur d od.

Vous avez remarqué que lorsque je plaçai ma main droite dans une main gauche sensitive, j'excitai une sensation fraîche et agréable, mais quand je fis la même chose avec la gauche, elle survint chaude et désagréable, tiède, nauséeuse. On peut renverser cette expérience en plaçant la main gauche dans la sensitive droite : la sensation sera alors fraîche et agréable ; opère-t-on avec la droite, le sentiment sera tiède nauséeux. Il en résulte cette loi : des conjonctions de mains isonomes-odiques (gauche dans la gauche, ou droite dans la droite) seront tièdes nauséeux. Des conjonctions de mains hétéronomes-odiques (la droite dans la gauche) sont fraîches et agréables.

Je vous prie, maintenant, de vous rappeler l'observation que j'ai présentée dans ma première lettre ; qu'il y a des hommes qui sont contrariés quand on leur présente la main, et se dégagent si l'on tient la leur serrée pendant un peu de temps ; or, comme on tend toujours les mains droites, on fait une conjonction de mains isonomes-odiques produisant le tiède et nauséeux, ce qui devient douloureux aux sensitifs et bientôt insupportable ; aussi se dégagent-ils vite.

Faites un pas de plus ; posez les doigts de votre main droite sur le bras gauche sensitif, sur l'épaule, sous l'aisselle, sous les tempes, dans les reins, sur le genou, le pied, les bouts des doigts du pied, partout sur le côté gauche de tout le corps sensitif : les doigts de la droite feront sentir frais et bienfaisant, parce que ce sont des conjonctions hétéronomes. Faites de même sur le côté droit sensitif avec vos doigts de la main gauche, vous produirez la même sensation de fraîcheur ; ce sont également des conjonctions hétéronomes. Mais si vous pratiquez tous ces attouchements sur la gauche sensitive avec vos doigts de la gauche ou sur la droite sensitive avec les doigts de votre droite, tout sera senti tiède, et chaque attouchement sera désagréable, vu que ce sont des conjonctions isonomes. Mettez cette indication à l'épreuve et choisissez une autre forme d'*appariement* dans la vie commune. Posez-vous à côté d'un sensitif aussi près que le font les soldats en rang et en ligne ; toute votre droite touchera alors tout le côté gauche sensitif. Vous n'entendrez rien de déplaisant : mais faites un tour sur vous-même de façon que votre côté gauche touche le côté gauche du sensitif, incontinent vous entendre formuler des plaintes, il sentira un malaise tiède nauséeux, et si vous ne vous retournez pas promptement, il ne supportera pas votre impression et se retirera.

Dans le premier cas, vous avez effectué une conjonction hétéronome, dans le second une isonome.

Choisissez un autre rapport : placez-vous très-près derrière votre sensitif, le devant de votre corps faisant face à son dos, ou bien, devant lui votre dos tourné contre le devant de son corps : dans les deux cas votre côté droit se trouve contre le côté droit sensitif et en même temps votre gauche à la gauche. Ce sont, des deux côtés, des conjonctions isonomes-odiques. Le sensitif ne les supportera pas, et si vous ne changez pas de suite la situation, il la changera en s'en allant.

Ici, il faut que je vous prie derechef de jeter un regard rétrospectif sur ma première lettre, dans laquelle je vous rendais attentif sur un genre d'hommes qui ne supportent absolument pas que quelqu'un soit placé très près derrière ou devant eux, qui, pour cette cause, fuient les rassemblements et les marchés publics.

Vous voyez combien ils sont fondés. Je connais des hommes jeunes, vifs et vigoureux qui n'aiment pas monter à cheval ; c'est presque contre la nature de l'homme ; la haute jouissance de la forre juvénile est l'exercice du cheval.

Mais, assis à cheval on tourne les côtés isonomes-odiques vers l'animal. Le cas est donc le même comme si on avait le dos d'un homme très près devant soi. Les hommes chez lesquels j'ai trouvé cette aversion étaient tous sensitifs. Il m'est permis de citer, comme exemple, les chevaliers Auguste et Henry de Oberlœndor.

De même, il y a des femmes qui ne sont pas capables de porter un enfant sur le dos, ne serait-ce que quelques minutes, par amusement.

Ce cas est presque identique avec celui qui précède. Il est le même que celui où l'on a quelqu'un très près derrière soi. Ces femmes sont toujours sensitives.

Beaucoup d'hommes ne peuvent également pas coucher à deux dans un lit. De là, le proverbe de mauvais coucheurs ; la cause en est évidente. Mais aussi l'usage général de tous les peuples civilisés de céder la droite à la personne prééminente, soit en se plaçant à sa gauche ou s'asseyant à sa gauche, soit la conduisant au bras gauche se trouve grandement fondé dans notre nature odique. On dit, il est vrai, qu'on en agit ainsi, pour laisser l'usage, la liberté de la main droite à la personne prééminente. Cela pourrait bien être une partie de cet usage ; mais l'influence de la sensitivité pèse beaucoup plus fortement dans la balance.

Lorsque deux hommes sont placés l'un près de l'autre sur le côté, ils déchargent réciproquement de leur OD l'un sur l'autre ; celui qui est à droite reçoit de celui qui est à gauche une charge d'OD négative. Celui qui est à la gauche reçoit de l'autre de l'OD positif. Celui de la droite gagne ainsi autant en négativité que celui de la gauche en perd. D'un autre côté, celui de la gauche gagne autant en positivité que celui de la droite en décharge sur lui ; mais l'état de la plus grande négativité odique est, comme nous le savons, le frais et l'agréable, celui d'une posivité plus grande, le plus tiède et le plus nauséeux. Ainsi, la femme que nous plaçons à droite gagne autant en bien-être que l'homme prend de malaise. La clef de ce très ancien usage n'agit donc pas seulement dans sa provenance, mais elle réside dans l'intimité de notre nature. Cela va si loin, que des personnes un peu fortement sensitives ne peuvent aucunement persister sur le côté gauche.

De pareils cas innombrables se présentent dans la vie humaine, dans de milliers de liaisons et de variations ; tous peuvent être éclaircis et jugés d'après le développement de la loi citée. Mais on y reconnaîtra aussi combien le droit des sensitifs est fondé, lorsqu'ils réclament des égards et des ménagements.

Le mesmérisme, les passes et les médecins.

Vous allez me demander maintenant ce qu'il en est de la soi-disant magnétisation d'un homme. A notre point de vue, et vous le prendrez peut-être pour le point angulaire sur lequel s'appuient mes lettres, ce n'est cependant nullement le cas ; néanmoins, c'est un côté des phénomènes odiques qui est très digne de notre attention. Elle conduit à la pratique de ce qu'on appelle le mesmérisme, c'est-à-dire à la méthode que le docteur Mesmer a introduite dans la médecine pour utiliser le dynamide odique pour la guérison. Mesmer, d'après l'état de science d'alors, crut que c'était du magnétisme, et l'appela magnétisme animal. Les expressions OD et mesmérisme ne se feront pas obstacle. L'un appartient à la physique, et défigure une force universelle ; l'autre exerce un emploi spécial de cette force dans la thérapeutique, et appartient à l'art de guérir.

Revenons à la cinquième de ces lettres, où je vous priais de parcourir rapidement avec moi, le flambeau de la théorie à la main, ce terrain embrouillé du soi-disant magnétisme animal.

Vous savez que n'importe où vous touchez un sensitif avec vos doigts, vous exercez sur lui une influence sensible, qui devient visible dans l'obscurité. Il n'est pas même nécessaire que cet attouchement soit réellement effectué. L'approche de

vos doigts produit déjà des effets considérables ; l'é-
mission, qui dans l'obscurité dépasse visiblement
de beaucoup vos doigts, atteint incontinent le corps
auquel on les approche et agit sur lui. Vous pourrez
encore produire de fortes irritabilités à la distance de plusieurs décimètres, à 33 centimètres
même ; à une distance de plusieurs pieds, les sen-
titifs moyens sentiront encore votre action. Chez
les hauts sensitifs, cela s'étend à une plus grande
distance, à la longueur d'une chambre. J'ai vu
même des cas où l'action se faisait encore sentir
dans la surprenante longueur de 20 et 30 et quelques pas.

Jusqu'ici, nous bornions nos observations aux
contacts immobiles, conjonctions sans mouvements ; maintenant, je vous invite à faire un mouvement continu sur un point du corps du sensitif
vers un autre, soit avec vos doigts en pointe, soit
avec le plat de votre main, ou avec le pôle d'un
cristal, ou avec un aimant. Posez, par exemple, les
bouts de vos doigts droits sur l'épaule gauche du
sensitif, et passez, en descendant délicatement et
lentement, jusqu'à la jointure du coude, ou, si vous
voulez, descendez le long des bras jusque par dessus
les doigts. Par le contact mobile continu, vous
produirez sur toute la ligne le même effet que vous
avez obtenu par les contacts immobiles ; vous éta-
blirez une sensation de frais, que l'on peut considérer comme une chaîne composée d'innombrables
points rafraîchis. Voilà ce que les médecins appel-

lent une passe. Faites la même chose sur d'autres points, par dessus le côté gauche de la tête, le côté gauche du corps, le pied gauche, jusque par dessus et au delà des doigts du pied, vous transmettrez tout le long de la ligne une sensation de fraîcheur. Si vous effectuez les mêmes mouvements avec la main gauche, par dessus le côté droit, jusqu'au bas, vous produirez aussi les mêmes effets. Ce sont des conjonctions hétéronomes. Enfin, faites avec vos deux mains en même temps les passes indiquées, à droite et à gauche, sur le sensitif, depuis la tête jusque par dessus les doigts des pieds, il arrivera que l'homme touché de cette manière éprouvera une sensation agréable de fraîcheur et de quiétude. Ce que vous venez de faire tout à l'heure, est ce que les disciples de Mesmer, et les soi-disant médecins magnétistes appellent une passe magnético-animale ou mesmérique.

Dès à présent vous pouvez magnétiser. Comme vous le remarquerez facilement, il est, en réalité, indifférent que vous opériez les passes avec les mains, ou avec les pôles d'un cristal, où avec des aimants ; que ce soit immédiatement sur la peau nue, par dessus les habits, à la distance de quelques centimètres ou d'un mètre, vous produirez toujours les mêmes effets selon les circonstances ; l'intensité seule faiblira en raison de la distance croissante.

Ainsi, l'influence qu'exercent les émanations odiques hétéronomes étrangères, sur les côtés d'un

sensitif, fait la substance de la soi-disant magnétisation. Si vous agissez dans l'obscurité, les sensitifs voient les touffes ignées des doigts qui passent
sur les pôles, les effleurer jusqu'en bas. Ils voient,
en outre, au point sur lequel les flammes se por-
tent, surgir une lumière plus forte sur leur propre
corps ; lumière qui descend avec l'excitateur lumineux par dessus eux. Par ce phénomène lumineux,
aussi bien que par la production de la sensation de
fraîcheur, vous reconnaissez clairement que celui
qui fait les passes produit sur l'organisme de celui
qui les reçoit une irritation telle, qu'on est forcé de
lui accorder une grande signification ; que l'od, qui
émane avec la lumière bleue, influe comme existant
d'une façon toute particulière avec la lumière rouge, sur les porteurs d'od, c'est-à-dire, hétéronomes
sur hétéronomes. Comme le corps de l'homme est
un grand porteur d'od, et que la substance odique
a une part puissante dans son profond intérieur, on
conçoit que des passes odiques puissent entrer bien
avant dans l'économie physique et spirituelle de
l'homme, part qui est la production de sommeil
ou d'inquiétude, d'influences sur les troubles ma-
ladifs dans le corps ; influences qui deviennent uti-
les ou nuisibles, selon l'imposition des mains et la
direction des passes. Et ces faits ne sont donc par
conséquent pas une erreur, composée de mensonge, de fraude et de superstition, comme on a
la prétention de le soutenir autre part ; ce sont au
contraire des faits physiologiques bien fondés sur

l'expérience, et très conformes aux lois naturelles.
Ce ne sont que ceux qui n'ont jamais voulu se donner la peine de les approfondir, qui peuvent laisser
échapper des jugements si prématurés.

Mais si vous me demandez quel est le bénéfice
réel, que l'art de guérir obtient par les passes
odiques, je suis tenté de croire qu'il deviendra
extrêmement grand, lorsque la physique et la
physiologie de l'od seront développées. J'avoue
néanmoins, qu'il me paraît jusqu'ici, encore bien
resserré et peu certain. Entend-on et lit-on les magnétiseurs, ils sont certes, comme Mesmer le fut
déjà il y a 88 ans, en état de guérir presque toutes
les maladies. Chaque médecin, n'importe à l'école
qu'il peut appartenir, s'imagine que lui et son art
ont guéri le malade lorsqu'il revient à la santé.
Pourquoi le médecin magnétiste n'élèverait-il pas
la même prétention pour sa satisfaction particulière ? Nous autres, nous savons bien que parmi
vingt personnes rétablies, dix-neuf l'ont été d'el-
les-mêmes, et sont revenues sur leurs jambes, malgré le médecin. En attendant, j'ai trouvé généralement comme certain, que sur chaque point du
corps humain sur lequel on appuie la main, ou qu'on
la meut avec conjonction hétéronome odique, il y
a un renforcement de l'activité vitale, non pas su-
perficiel, mais entrant profondément dans les organes les plus intérieurs. Ainsi, là où il y a atonie,
relaxation, on peut y amener la vitalité, et un sur-
croît d'activité. Ceci est un grand résultat com-

mun, d'une immense portée, que les médecins éclairés sauront apprécier.

Je tiens l'influence de l'od sur les crampes particulièrement pour décidée ; nombre de fois, je les ai calmées, supprimées selon ma volonté, et je les ai provoquées de même.

J'ai vu opérer des médecins près de la couche des malades ; je les ai vus, à peu d'exceptions près, leur faire faire des bonds si contraires à la saine physique de l'od, qu'il était impossible qu'il pût en sortir quelque chose d'heureux pour le malade. Qu'a-t-on pu gagner de profitable jusqu'à ce moment, sans aucune espèce de connaissance de la substance et des lois d'une force si inconnue, telle que celle de l'od ? On n'a fait que tâtonner comme l'aveugle ; mais il est permis d'espérer : lorsque la nature de l'od, et ses complications avec les forces de l'organisme vivant seront reconnues, et que ces forces seront développées scientifiquement, nos médecins commenceront à remplacer leurs tâtonnements actuels par un procédé rationnel en établissant des règles fixes de l'action de l'OD sur le corps humain malade, et tirer de ces faits extraordinaires quelques fruits salutaires à l'humanité, comme elle a droit de l'espérer depuis longtemps.

8me LETTRE.

La Chimie.

Je vous ai fait voir, en dernier lieu ce que l'on

entend par magnétisme animal. Ce n'est pas une
influence magnétique, mais une influence odique
sur le corps humain qui est aussi bien et souvent
mieux pratiquée par un grand nombre de porteurs
d'OD que par l'aimant qui n'agit ici qu'occasion-
nellement comme porteur d'OD et non comme aimant. Mettons donc de côté le mot de magnétisme
animal comme impropre. Il vient d'un temps où
l'on avait les idées les plus embrouillées et les plus
confuses de ces choses, et ne répond plus avec l'é-
tat actuel du progrès des sciences. Cependant, avant
de vous introduire plus avant dans la question de
ce côté, je dois mieux vous faire connaître l'étendue
de la nature de l'OD.

Vous connaissez l'OD qui émane par un motif
inconnu éternellement et invariablement des pôles
des cristaux. Vous connaissez celui qui émane de
l'aimant de l'acier, source qui va s'affaiblissant, et
disparaît. Vous connaissez enfin l'OD qui jaillit,
mais passagèrement d'une source de vie, de l'organisme vivant. Maintenant je veux vous conduire
près de celui qui s'enflamme instantanément et
s'éteint rapidement; c'est celui qui provient de la
chimie. Je dis de la chimie pour établir nettement
la distinction de l'affinité qui désigne cette force et la
chimie.

Débouchez à votre sensitif une bouteille de vin
de Champagne dans l'obscurité; avec un joyeux
étonnement il élèvera un cri de joie envers le rayon
igné; qui depuis l'orifice de la bouteille suit le vol

du bouchon jusqu'au plafond. La bouteille entière apparaîtra alors dans une blanche incandescence, comme si c'était de la neige luisante, et au-dessus d'elle planera un nuage lumineux et ondoyant. Comme vous ne voyez rien de ce précieux feu d'artifice, vous savez déjà que c'est un phénomène odique ; et si vous voulez le comprendre, suivez-moi à quelques expériences. Jetez dans l'obscurité une cuillerée de sucre bien pulvérisé, ou de sel de cuisine décrépité dans un verre d'eau. Dès lors, votre sensitif ne voit que peu ou rien des deux ; mais sitôt que vous les remuez ensemble dans l'eau, il voit l'eau ainsi que le verre devenir lumineux. Tient-il le verre dans la main gauche, il sent l'eau fortement refroidie ; ainsi, cette simple solution développe de l'od, elle est une source d'od. Introduisez un fil de fer, ou de cuivre, ou de zinc dans un bocal de verre qui contient de l'acide sulfurique étendu, tout le fil entrera dans une espèce d'incandescence, et à son extrémité supérieure sortira une lueur passablement semblable à la flamme d'une bougie, si ce n'est infiniment plus faible en puissance lumineuse. Dans le haut elle passera en fumée avec beaucoup de fines étincelles qui jaillissent verticalement. Le fil paraîtra beaucoup plus froid dans la main gauche qu'il l'était auparavant. La dissolution est donc également une source d'od. Faites une eau acidulée avec une poudre aérophore, vous dissoudrez d'abord dans l'obscurité le bicarbonate de soude dans un demi-verre d'eau ; elle deviendra de suite lumineuse. Vous dissoudrez l'acide tartrique dans un autre demi-verre d'eau, elle deviendra également, et encore plus fortement lumineuse. Lorsqu'après quelques minutes les deux seront rentrées dans l'obscurité, mêlez les deux solutions ensemble, instantanément le mélange deviendra très-lumineux ; il paraîtra d'un froid glacial dans la main gauche, et une puissante nuée d'un clair blanchâtre s'amoncellera au-dessus du verre. La décomposition chimique développe donc activement un OD riche. Faites une dissolution de sucre de Saturne, et versez-y une dissolution d'alun : dans le moment même tout ce liquide deviendra visible dans l'obscurité. Conduisez les deux fils polaires d'un appareil de Volta dans l'eau ; votre sensitif verra l'eau luisante et par gradation plus claire dès que la décomposition commencera. Mais il trouvera que le bocal qu'il tient dans la main gauche est froid. Ainsi, tout acte chimique développe de l'OD. La chimie est une impétueuse source d'OD, qui apparaît soudain, mais qui tarit tout aussitôt que le jeu des affinités cesse. Si dans l'obscurité on ôte le bouchon d'une bouteille d'alcool, ou d'ether, d'esprit acétique, de sulfure de carbone, d'ammoniaque caustique, et mieux encore, d'eupion pur, et que l'air soit tranquille, le mouvement respiratoire arrêté, une personne sensitive verra monter perpendiculairement de l'orifice de la bouteille une colonne lumineuse avec une vitesse pro-

portionnée à la tension de la substance. Pendant
que ceci se passe, le liquide devient également lumineux, mais non-seulement les substances dont
la volatilisation est si rapide, comme celles citées,
mais aussi d'autres corps, le mercure, par exemple,
avec son très faible pouvoir d'évaporisation dégagent une fumée luisante par l'orifice de la bouteille. Les matières solides, comme le camphre, se
comportent de même. L'iode en particulier donne
une fumée claire luisante, et devient en même temps
lumineux. L'évaporation spontanée et la vaporisa-
tion, et par conséquent la distillation, se fond avec
un développement continuel d'od.

Chaque liquide sucré en fermentation luit constamment. Les bulles d'air y montent comme des
perles ignées. Le moût de vin en fermentation est
un de ces liquides activement chimiques qui sont
toujours lumineux. Vous vous expliquerez maintenant sans mon concours l'ascension de votre vin de
Champagne en feu et flamme.

La putréfaction aussi est une espèce de fermentation, et tout ce qui est putréfié devient luisant.
A la vérité la doctrine de la phosphorescence nous
a appris cela depuis longtemps, mais nous n'avons
pas encore mentionné à quel degré la phosphorescence approche de la lumière odique. Lorsque
ceux qui ne sont pas sensitifs n'aperçoivent plus
aucune trace de phosphorescence dans des matières putréfiées, les sensisifs les voient encore en

plein état lumineux, et comme nous parlons précisément de putréfaction, nous ne sommes pas
loin des trépassés.

Suivez-moi un instant dans le royaume des
morts, sous la foi de ma parole, de vous en rame-
ner promptement enrichi d'un coup d'œil instruc-
tif sur leurs occupations nocturnes. Vous n'ignorez
pas que les âmes des trépassés se promènent sous
l'apparence du feu sur leurs tombes, jusqu'à ce
qu'elles soient délivrées, et aient expié tout le terrestre dont elles étaient encore chargées, et qu'elles
aient trouvé le repos éternel. Vous me regardez
avec doute? mais c'est mon sérieux, car on voit
les esprits. Vous pourrez vous en assurer par beaucoup de témoins. Votre nourrice vous aura certain-
nement dit qu'il n'est pas donné à tout le monde
de voir des spectres et des âmes de trépassés. Qu'il
n'y a qu'une certaine classe d'hommes privilégiés
qui peut les voir. Tout ceci me revint fortement
lorsque je travaillais avec de bons sensitifs sur la
putréfaction des poissons. Je voulais savoir si je ne
pouvais faire connaissance avec les morts en feu.
La demoiselle Leopoldine Reichel consentit à se
laisser conduire par une nuit bien noire sur le cimetière de Grünzing près de Vienne, non loin de
ma demeure. Elle y vit effectivement (1er no-
vembre 1844) des apparitions ignées sur plusieurs
tombes. Conduite alors sur les immenses cime-
tières de Vienne, elle vit une quantité de tombes
avec des lueurs mobiles. Elles faisaient des mou-

vements similaires de va et vient dans le sens des
files de danseurs ou de soldats à l'exercice ; quelques-unes étaient grandes, presque comme des
hommes, d'autres petites, glissant à terre comme
des lutins contrefaits. Mais toutes étaient dans les
rangs des fosses récentes. Les anciennes tombes
n'avaient point de gardiens ignés. La demoiselle
Reichel y alla timidement et avec lenteur ; à son
approche les forme humaines disparurent. Elle
reconnut que ce n'étaient que des brouillards luisants, comme elle en avait vu de mille manières
dans la chambre obscure. Elle se hasarda d'aller
plus avant, mais elle ne rencontra qu'une claire
vapeur. Elle entra dans l'une d'elles d'une façon
déterminée ; celle-ci lui monta jusqu'au cou. Elle
pouvait la dissiper par le mouvement de sa robe.
La danse et l'exercice se fondirent dans le mouvement du vent qui avait joué uniformément avec
tous ces trépassés lumineux. Une autre fois j'en-
voyai quatre personnes sensitives sur le cimetière
de Sivring : il faisait si noir, que plusieurs fois elles
tombèrent à terre. Mais arrivées sur les tombes,
elles virent toutes des formes de spectres plus ou
moins prononcées, selon les différents degrés de
leur irritabilité sensitive. Elles les virent comme
de l'air luisant sur les fosses récentes. Une d'elles
dessina sur ces tombes quelques figures avec la
pointe de son parapluie. Les traits persistèrent en
lueur renforcée sur la terre gercée.

Qu'était-ce? et qu'est-ce que cela?

Rien autre que des miasmes putrides que les tombes exhalent, et qui montent au-dessus d'elles dans l'air, ou le vent joue avec eux, et dont la peur change le tournoiement dans le courant d'air en danses d'esprits vivants. C'est du carbonate d'ammoniaque, de l'hydrogène phosphoré et d'autres produits connus et inconnus de la putréfaction, qui par l'évaporation développe de la lumière odique. Quand la putréfaction est à la fin, les lueurs cessent, les morts sont réconciliés.

Mais, mon ami, nous avons une réparation à faire à nos vieilles femmes, à leur demander pardon d'une injustice. Les esprits ignés existent donc en fait et en vérité ; leur présence ne peut plus être niée. Il faut, bon gré mal gré, leur accorder cela, et elles auront raison, même en disant que les spectres ne sont pas vus par tout le monde, excepté des privilégiés — des sensitifs. Il faut encore que nous confessions cette vérité ; ce n'est pas leur faute si nous n'avons pas compris pendant un si long temps ce qu'elles nous avaient affirmé depuis des milliers d'années.

9ᵉ LETTRE.

Le son, le frottement, les sources.

Dans ma dernière lettre nous avons combattu la superstition, et nous l'avons cherchée dans un recoin dans lequel elle nichait depuis des milliers d'années ; aujourd'hui je veux lui jouer encore un tour pareil. Suivons plus loin l'étendue de l'od dans la nature. J'avais le mécanicien, M. Enter, un sensitif moyen dans la chambre obscure (octobre 1851), et je voulais rechercher si le son n'avait pas quelque liaison avec l'od. J'apportai la cloche d'une machine pneumatique, je la pris par le bouton et je frappai dessus avec précaution avec une clef. Dès que le son retentit elle devint luisante et visible. Plus le coup était fort, plus la lueur était claire. Une tige de métal, un aimant en fer à cheval, frappés pour donner un son, gagnaient en lueur. Une cloche de métal d'un son incisif, frappée pendant quelque temps, devint si luisante qu'il se répandit une lueur claire dans toute la chambre, que tous les sensitifs ont vue. Après avoir donné un coup d'archet sur un violon, nonseulement les cordes, mais toute la table d'harmonie devinrent luisants. Les corps sonnants ne devinrent pas ignés odiques, mais ils répandirent aussi une clarté luisante autour d'eux ; ils parurent entourés comme d'une auréole de saint. Tout verre à boire que je touchai avec un couteau comme on a coutume de faire pour appeler un domestique, gagna une atmosphère lumineuse, et d'autant plus claire que le son que l'instrument rendait était plus élevé. On peut y remarquer une vibration semblable à celle du son. Le point sur lesquels je touchais était chaque fois le plus luisant. Je fis entrer des mains dans ces cloches de verre et de métal, mais de manière à ce qu'elles ne touchassent pas le corps des cloches. Lorsque je frappai en dehors et que le son retentit, la main gauche fut fraîche et la droite tiède. L'influence de la sensation odique arrivait et à la vérité dans le sens du rayon bleu du soleil, de l'extrémité supérieure du cristal et de l'aimant vers le pôle nord. J'ai eu, en un mot, la satisfaction de trouver dans le son une très forte source d'OD.

Une autre fois je jetai les yeux sur le frottement, et je mis dans la main de Mlle Maix (juillet 1844) un fil de cuivre, à l'autre extrémité duquel j'avais attaché une planchette. Lorsque je frottai dessus avec une autre planchette, il se dégagea de la chaleur par ce long fil dans la main sensitive. Lorsque je frottai le fil dans l'obscurité contre une meule qui roulait sur le tour, tout le fil devint incandescent odique et se couvrit tout du long d'une lueur claire. A son extrémité détournée s'éleva une lueur de la forme de la lumière d'une bougie. Pour contre-épreuve je pris un tube de verre d'un baromètre, le mis par une extrémité dans un verre d'eau et frottai l'autre pendant quelques minutes contre la meule qui tournait rapidement sur le tour ; tout le tube devint luisant, le verre d'eau compris. Tous les sensitifs trouvèrent l'eau tiède en la goûtant, un peu amère et répugnante. L'une d'elles que j'ai persuadée de vider le verre, se mit peu après à vomir plusieurs fois très fortement. Un très vif développement d'OD par la source du frottement était hors de doute.

Ceci me conduisit par la pratique à un résultat qui promet de vous être agréable. Je voulais savoir si le frottement des liquides indiquait aussi de l'od. En effet, des bocaux de verre bien bouchés qui contenaient de l'alcool, de l'éther, de l'essence de térébenthine, de la créosote, devinrent tous luisants avec leur contenu lorqu'on les secouait dans l'obscurité ; l'eau même, secouée dans des bouteilles bien bouchées, devint luisante, et dans la main gauche tiède, nauséeuse ; mais dès qu'elle revint au repos, elle fut en peu de secondes invisible, et le retrait était rafraîchissant.

Je me ressouvins alors de quelque chose de curieux : ne vous effrayez pas ! Ce ne fut ni plus ni moins que... la baguette divinatoire tant décriée. Les chercheurs d'eau, ceux qui découvrent les sources, se présentèrent à ma mémoire. Comment ! pensai-je, si de l'eau secouée met l'od en mouvement, l'eau coulante ne pourrait-elle pas produire le même effet ? Pour en trouver la preuve, j'enveloppai fortement un tube en verre avec du papier, je le mis dans la main gauche d'une sensitive et versai par un entonnoir de verre de l'eau dedans par un filet continu. Tous trouvèrent qu'il leur arrivait de la chaleur par le papier aussi longtemps que je versai l'eau, que la fraîcheur revenait dès que je cessais. Lorsque je fis l'expérience dans l'obscurité de verser l'eau dans l'entonnoir, ils virent pendant tout son écoulement le tube de haut en bas luisant. J'obtins la preuve par ce simple passage à travers un tube que l'eau développait de l'od.

Mon espoir fut croissant. J'emmenai la demoiselle Zinckel, une sensitive moyenne, dans le parc qui entoure ma maison de campagne. Je connaissais la direction d'un aqueduc établi dans une grande prairie, mais qui est méconnaissable à sa surface. Je la fis marcher lentement, transversalement sur la prairie pour la faire passer par dessus l'aqueduc. Lorsqu'elle s'en approcha, je la vis hésiter dans sa marche, avancer, reculer et enfin s'arrêter. « Ici, dit-elle, je sens, jusqu'à la hauteur des genoux, particulièrement au pied gauche, un tiède nauséeux. » Ce qui ne fut nullement semblable sur les autres parties de la prairie. Elle était en effet posée très exactement sur les conduits par lesquels une source prise à une demi-lieue de là est amenée à la ferme. Je répétai l'expérience avec plusieurs autres sensitifs, et toujours avec le même résultat. Voilà donc que la baguette se relève de la profonde humiliation dans laquelle l'ignorance et un mépris immérité l'avaient plongée. Ce n'est pas la baguette en elle-même, qui n'est probablement qu'une enveloppe dans laquelle la vérité s'enfouit, mais bien l'essence de la vérité qui était voilée là-dessous, et qui n'a pas su arriver à se faire valoir. Eh bien ! elle n'est autre que l'influence de l'od mise en activité par le frottement de l'eau dont les mouvements sont aperçus par les sensitifs.

Monsieur (1), sourcier de la France, le cher-

---

(1) Nous présumons que l'auteur veut citer l'abbé Paramelle.

cheur de sources renommé qu'on appelle au loin dans le pays et qui est parvenu à une surprenante habileté pour découvrir l'eau, n'est certes autre qu'un bon sensitif. Aussi souvent qu'il marche au-dessus d'une eau souterraine qui est en mouvement, il ressent son influence odique sur son corps impressionnable. Il peut, selon la mesure de la plus ou moins grande irritabilité, inférer de la plus ou moins grande profondeur de l'eau. Il a poussé son habileté et sa sécurité si loin que la moitié de la population française lui témoigne son admiration et sa reconnaissance. Son secret, qui était pour lui-même une énigme, et qu'il était hors d'état de découvrir est maintenant dévoilé, et peut-être aurons-nous bientôt en Allemagne des centaines d'hommes et de femmes à sources (tous les hauts sensitifs, après une courte pratique, seront aptes à les découvrir).

La baguette divinatoire est donc dès à présent un lieu-commun dévoilé à tout le monde.

—

10e LETTRE.

Le calorique, l'électricité, les corps terrestres.

Il n'est certes pas besoin de ma participation pour vous rendre attentif au rôle que d'aussi puissants agents, tels que le calorique et l'électricité doivent jouer en face de l'od. Cependant, la complication croît ici de telle façon, que je ne vois point de place pour eux dans le cadre resserré de

ces lettres, et que je me vois forcé de me restrein-
dre à exposer quelques faits seulement, le plus
brièvement possible. Portez un vase de charbons
ardents à la rencontre d'un haut sensitif, ou allu-
mez de l'esprit de vin dans son voisinage, ou bien
conduisez-le à la distance de quelques pas devant
un feu allumé, ou encore jetez vis-à-vis de lui quelques boulettes de potassium sur de l'eau, et de-
mandez-lui la sensation qu'il éprouve par toutes
ces choses. Vous, ainsi que votre sensitif, serez
confus d'être obligés de sentir et d'entendre que
ce n'est pas de la chaleur qui lui vient par tout ce
feu d'artifice, mais que la fraîcheur est la sensation prédominante. Donnez-lui un léger bâton,
d'environ un mètre de longueur, il le tiendra par
le bout dans la main gauche, et devra l'allumer à
l'autre bout ; il trouvera que le bâton refroidit
dans sa main pendant qu'il brûle. Au lieu du bâton, donnez-lui dans la main une tige de fer, un
tube en verre ou en porcelaine, et faites-les chauf-
fer au-dessus d'un tuyau d'aspiration d'une lampe
d'argent, il vous dira, en secouant la tête, ils deviennent tous froids. L'explication de cette ano-
malie dans la loi du calorique est simplement ceci :
que l'élévation de la température ainsi que l'acte
de combustion développent de l'od.

Introduisez dans la chambre obscure un fil de
métal, de l'épaisseur d'un tuyau de paille à peu
près, de façon qu'un bout soit dans l'intérieur
et l'autre en dehors, en passant à travers la porte

4

par exemple ; vous mettrez ce dernier bout sur nn réchaud incandescent et le chaufferez. Dès que la chaleur commencera à l'extérieur, le sensitif vous annoncera, dans l'obscurité, l'apparition d'une petite flamme lumineuse sur la pointe du fil qui est près de lui.

Sans m'arrêter, je vous parlerai de l'électricité, mais en peu de mots. La sensation prédominante que tous les sensitifs indiquent, quand ils sont conduits dans la proximité de grands corps électrisés positivement est la fraîcheur, mais un électrophore frotté donne du tiède. Battez fortement un gâteau de résine avec la queue d'un renard devant votre sensitif, dans l'obscurité, et dites-lui de le regarder sur le côté ; vous entendrez : qu'on y voit monter une lueur *lectrante*, semblable à la flamme, d'environ un demi-mètre de hauteur ; la queue ressemblera à un cylindre d'une luisante blancheur ; la flamme du gâteau disparaîtra au bout de quelques minutes, mais pendant qu'elle flamboiera, elle dégagera une fumée luisante, qui montera jusqu'au plafond, ou elle formera un grand cercle éclairé, comme cela a lieu avec les cristaux et les pôles des aimants. J'ai une très grande machine électrique, dont les pieds sont posés sur le parquet de la chambre ainsi que le conducteur, le tout forme un assez grand appareil ; lorsque la machine est en repos, les sensitifs moyens ne voient presque rien dans l'obscurité ; si l'on met le plateau dans un mouvement assez lent pour que la lumière électrique ne puisse devenir visible, tout l'appareil devient néanmoins blanc luisant. Quelques sensitifs en firent la singulière comparaison avec une voiture chargée de chaux qui offre un aspect d'une blancheur semblable.

Une bouteille de Kleist, chargée, leur apparut d'outre en outre lumineuse. Un long fil de fer, conduit par la chambre obscure, avec les deux bouts en dehors, sur lequel je fis la décharge d'une de ces bouteilles en dehors, devint, après chaque commotion, blanc lumineux dans toute sa longueur, pendant quatre à cinq minutes.

Au moment de la décharge, les sensitifs virent passer tout le long du fil, avec la rapidité de l'éclair, une lueur plus claire, de laquelle ils me décrivirent l'exacte direction, depuis le point d'entrée du fil jusqu'au point de sortie.

De la pile de Volta, je ne mentionnerai que ce fait : que le fil polaire fermé devient, non-seulement incandescent, lumineux par lui, mais qu'il est encore entouré d'une lumière en forme de spirale, qui tourne et jaillit vivement autour de lui. On serait autorisé à croire que ce seul fait devrait exciter les physiciens à y prendre le plus vif intérêt. Ce qu'ils ont mis au jour avec une extrême subtilité d'esprit, chaque enfant sensitif pourra, pour ainsi dire, leur en faire la description ; je veux parler de l'appareil d'Ampère avec ses courants voltaïques. A la fin, vous trouverez, sans doute, quelques sensitifs physiciens, comme j'ai déjà trouvé une douzaine de médecins sensitifs. Mais combien cela durera-t-il ? Jusqu'à ce que l'intérêt des physiciens soit mis en mouvement. C'est ce que j'ignore.

Le calorique et l'électricité sont donc de puissantes sources d'od. Mais je me vois contraint de m'interdire de développer ici la richesse des phénomènes qu'ils présentent ; je préfère vous conduire près de la dernière et la plus importante de ces sources d'od.

Monsieur Anschutz, capitaine-commandant au service d'Autriche, un bon sensitif moyen, était malade, alité à Baden ; son irritabilité était montée à un haut degré pendant la maladie ; étendu sur son lit, privé de sommeil, il fut étonné de voir la serrure, les gonds et la serrure de la porte qui était en face de lui, chaque fois que les nuits étaient très noires ; tandis qu'il était impossible de reconnaître autre chose dans la chambre. Il reconnut que ces objets avaient une lueur, qu'ils émettaient eux-mêmes la lumière.

D'autres, mais de hauts sensitifs seulement, virent luire toutes les serrures des meubles, toutes les clefs, tous les objets dorés dans leur chambre, chaque clou contre la cloison, et les virent émettre de petites flammes ou de la fumée luisante.

Je rassemblai des échantillons de plusieurs métaux, tous les sensitifs les trouvèrent, sans exception, faiblement luisants ; les uns plus, les autres moins clairs, mais ils étaient visibles à tous. Une armoire vitrée, contenant de l'arg enterie de tout

espèce, apparut dans l'obscurité, et peu à peu,
toute pleine d'un feu délié. Lorsque j'éprouvai des
corps d'un autre caractère, tels que: le charbon,
le selonium, l'iod, le souffre, ils furent également
trouvés lumineux. L'aspect de ces corps était semblable à l'incandescence, comme dans l'état de
phosphorescence ; ils étaient comme transparents ;
on pouvait les voir dans leur intérieur. Pendant
cette incandescence, les hauts sensitifs remarquèrent, tout autour de ces substances, la même émanation lumineuse, ressemblant à une flamme et se
dissipant en cette fumée qui nous est déjà connue
par d'autres émanations odiques concentrées.

Ici, comme là, elle se laisse diviser et dissiper par
le souffle et le mouvement de l'air, et est, en plus
d'un cas, apte à éclairer les doigts qui tiennent ces
corps. Les couleurs ne furent nullement trouvées
ressemblantes, et ceci fournit un moyen certain
pour contrôler l'exactitude des observations. Ainsi,
tout ce qui était de cuivre fut vu dans une incandescence rouge, entouré d'une flamme verte ; l'é-
tain, le plomb, le palladium, le cobalt bleu ; le bis-
muth, le zinc, l'osmium, le titan, le potassium rouge ; l'argent, l'or, le platine, l'antimoine, le cadmium
blanc ; le nickel et le chrôme verdâtre se fondent
dans le vert-jaune ; la lueur du fer, bigarrée, pré-
sentant les couleurs de l'arc-en-ciel ; l'arsenic, le
charbon, l'iode et le selonium rouge ; le souffre
bleu, ainsi que les sensitifs moyens l'ont vu plusieurs fois.

Les corps composés étaient également lumineux ; les uns d'une manière surprenante, tels que : le théobromine blanc ; l'acide parabanique d'un bleu admirablement beau ; la chaux vive rouge.

Je mis plusieurs centaines de préparations chimiques dans une boîte portative, dont les rangées étaient très serrées. Je la déposai dans l'obscurité, où je l'ouvris pour placer les objets. Les sensitifs moyens n'en virent que quelques-uns, mais les hauts sensitifs, les virent tous, sans exceptions, plus ou moins luire. Après un plus long séjour dans l'obscurité, les murs mêmes de la chambre obscure parurent d'une lueur blanchâtre délicate. Cela fut si loin, qu'à la fin, tous mes voyants remarquèrent tout ce qui était dans la chambre comme dans un crépuscule. Ils me virent moi-même, qui ne voyais absolument rien, et ils me prirent par le bras, et me conduisirent, avec la plus grande sécurité, à travers mes préparations.

Ainsi tout est lumière, tout, tout ! Nous sommes dans un monde plein de matière lumineuse.

Ainsi que le soleil émet une quantité de lumière extrêmement forte, celle qui émane généralement de toutes choses sur la terre est extrêmement faible. Les corps légers, tels que : les cotonades, les draps, le bois, l'argile, luisent plus faiblement. Toutes les pierres sont lumineuses.

Parmi les corps amorphes, les métaux et les

substances simples, en général, sont les plus lumineux. Cette source de lumière de toutes ces choses est plus faible en intensité que toutes celles citées plus haut ; mais, par contre, elle est infinie en étendue.

Cette lumière est ODIQUE ?.... Elle l'est, parce qu'elle porte tous ces caractères en elle, ainsi que les influences des sensations de tous les porteurs d'OD,

Mettez des métaux, à votre choix, du soufre, de l'iod, du charbon, de la graptiéle sur une planchette, et faites mettre le creux de la main gauche d'un haut sensitif par dessus ; vous apprendrez qu'elle se sentira affectée de frais ou de tiède, d'agréable ou de nauséeux, et plus fortement par ceux qui luisent le plus clairement, moins par ceux dont la lumière est plus mate. Donnez-leur alternativement des corps de toutes les façons, solides ou liquides, à découvert ou renfermés dans des bocaux, dans la main nue ou gantée, à chacun ils seront impressionnés différemment, plus frais ou plus tiède, plus agréable ou plus nauséeux, et parmi ces corps, il y en a qui, par des influences accessoires, ont des propriétés très prononcées, tels que : le soufre, le brome, le bichromate de potasse, le gaz oxygène, l'arsenic, le mercure et le cuivre ; mais, par la sensation, les sensitifs distingueront et gradueront toute chose d'après son caractère odique.

Ainsi l'OD concentré ne coule pas seulement de

sources spéciales, mais c'est un don général de la nature, un dynamide irrégulièrement partagé, répandu partout, comme le sont : le calorique, l'électricité, l'affinité, la pesanteur ; et il pénètre et remplit l'univers du plus petit au plus grand.

—

11ᵉ LETTRE.

Exemples tirés du monde extérieur.

Vous souvient-il encore que je vous disais que la plus belle fille fuyait parfois le miroir ? Vous aurez trouvé l'explication de ce singulier phénomène dans le contenu de ma dernière lettre. Le mercure est un de ces métaux qui réagissent le plus souvent par le tiède nauséeux sur les hommes sensitifs. Si un de ces êtres s'approche d'une glace de grande dimension, il sentira la douloureuse influence du mercure répandu sur tout son corps ; il lui semblera qu'un souffle tiède et répugnant vient à lui ; il se sent repoussé, et s'il veut résister, il aura mal à l'estomac, à la tête, il vomira même et se trouvera forcé de quitter. Ceci va si loin, après une certaine expérience, que la répugnance des hauts sensitifs va jusqu'à l'horreur devant une glace. — Ils la couvrent, s'ils ne la peuvent éloigner. Nous voulons aussi jeter un regard rétrospectif sur le dégoût que les cuillères de packfung d'Argentan et d'argent de Chine inspirent. Le cuivre, qui fait une partie intégrante dans toutes ces compositions, a le privilège d'être un corps fortement odique, qui réagit d'une manière très tiède, nauséeuse et dégoûtante. Qu'on l'argente, par la galvanisation tant qu'on voudra, rien n'y fait. Le cuivre agit odiquement à travers; il devient insupportable aux sensitifs moyens, et produit assez souvent chez les hauts sensitifs des maux d'estomac, voire même des crampes à la longue et du tétanos. J'ai entendu dire assez souvent à des dames sensitives, qu'elles ne supportent pas les dés à coudre en métal, et qu'elles se servent forcément de ceux en ivoire ; qu'elles ne peuvent porter des bijoux, parce qu'ils leur causent des douleurs ; qu'elles ne peuvent porter des busques ni des peignes d'acier, qu'il leur est même impossible de porter des épingles dans leur chevelure ; tout ceci vient de la réaction odique, tiède, nauséeuse. Les mortiers de cuivre jaune, les ustensiles de cuisine en cuivre et les fers à repasser, sont des objets d'horreur pour les filles sensitives qui s'occupent du service du ménage.

L'estimable M. Sichtner, fabricant à Azgersdorf, près de Vienne, a fait éloigner tous les ustensiles en cuivre de sa cuisine. Il souffrait, en mangeant, en buvant, de mets préparés dans des vases de métal. On peut cacher les métaux aux hauts sensitifs en les couvrant avec du papier, du linge, ou toute autre couverture légère ; ils seront toujours en état de vous dire où les métaux se trouvent, par la simple sensation du creux de leur main gauche.

La neuvième de ces lettres, où je vous parlais
du frottement de l'eau et de M....., sourcier, ne
vous revient-elle pas involontairement à la mémoire? Supposons qu'à une petite profondeur de
la surface du sol, dans une cave, par exemple,
il y ait une certaine quantité de métaux ou d'argent enfoui ; dans ce cas, il n'y a pas de doute
qu'un haut sensitif les découvrira plus facilement,
par la sensation, et plus vite que mes sensitifs
moyens ont mis de temps pour découvrir la conduite d'eau dans mon parc. Songez, maintenant, à
la position d'un évent de minerai de plombagine,
de cuivre jaune, d'argent, et tels qu'ils se trouvent
cachés à peu de pieds de profondeur dans la gangue,
et qu'un haut sensitif vienne à passer dessus, avec
quelque attention ; pourrez-vous, d'après ce que
vous savez maintenant, douter un moment qu'il
sentira, et qu'il indiquera avec exactitude la
place du gisement? Mais d'autres, que des
évents de couches houillères, agiront différemment sur un homme très impressionnable par l'OD,
que le grès et l'argile schisteur, qui leur sert de
gangue. Quand, avant tout, il aura observé et
se sera pénétré de la sensation odique que les
masses de houilles produiront sur lui, il reconnaîtra de suite, quand il passera par dessus, une
couche de ce genre.

Aucun autre homme ne pourra en observer la
trace ; mais, un haut sensitif dira, avec la plus
grande précision : ici ou là, sous terre, se trouve

tel ou tel minerai, et la fouille justifiera cette apparente merveille, qui jusqu'ici a paru d'autant plus surprenante, que celui même qui a trouvé le minerai, et encore d'autres personnes, seraient incapables d'en rendre un compte satisfaisant.

La merveille est à présent dévoilée. Elle n'est autre qu'une pure influence physique du dynamide de l'OD, sur le système nerveux de l'homme; il agit comme un sens obscur, dont on est hors d'état de pouvoir donner l'explication. Une foule d'accidents instinctifs, chez les animaux, trouvera son explication de la même manière que celles que j'ai données des minerais et de ceux qui les ont découverts.

Vous voilà, mon ami, en pleine possession des derniers secrets de la baguette divinatoire, Non pas de la baguette dans le sens du mot, et sous l'aspect de son mouvement ascendant et descendant, de son tournoiement et toucher; tout ceci n'était que le tour de passe-passe de la chose pour la multitude, aux questions de laquelle les chercheurs étaient forcés de donner quelque chose de palpable, mais de la véritable essence de la chose qui fut profondément cachée jusqu'ici.

Vous remarquerez, par tout ce qui précède, quelle grande signification pratique la sensibilité a acquise, et à quel rôle elle est destinée. Les sensitifs, parmi lesquels il faut ranger ceux de l'extrême chaine, les cataleptiques, les lunatiques et les noctambules, seront bientôt recherchés, achetés et payés comme les bienfaiteurs de leur contrée et de leur pays.

Cette découverte promet un grand élan à l'exploitation des mines, non-seulement sous le rapport des découvertes de nouveaux gisements de minerai, mais aussi pour le travail intérieur des mines, lorsqu'on poursuit des filons, qu'ils se perdent où qu'ils finissent. A qui s'adresser pour trouver un nouveau sillon ou un nouveau nid ? Où faut-il rechercher une nouvelle veine sur les cloisons verticales ou sur les couches orientales ?

L'art du mineur nous fait souvent faux-bond sur toutes ces choses ; mais un sensitif, bien exercé dans les sensations odiques, trouvera au moment même le vrai gîte.

Le tact sensitif est susceptible de très grands perfectionnements ; s'il m'arrive de nouveaux sensitifs, leurs indications sont quelquefois bien incertaines ; après trois ou quatre séances, tout gagne en clarté et en précision. Exercer plus longuement ces sensations donne de la ponctualité et de l'agilité. J'ai des sensitifs moyens qui, par une pratique de six à sept ans, ont une finesse de discernement qui dépasse souvent celui des hauts sensitifs nouveaux. Ce genre d'hommes pourra être d'une grande utilité pour découvrir le mélange frauduleux de certains articles. A présent déjà, une personne bonne sensitive est facilement en état de distinguer l'or ou l'argent pur de celle qui est mélangé avec du cuivre. On pourra les perfectionner de telle sorte, qu'il sera facile de reconnaître tous les mélanges. Ainsi, dans les pharmacies, on distinguera si les médicaments ont conservé leurs principes actifs ou s'ils les ont perdus. Plus tard, je vous ferai peut-être voir quelle surprenante découverte on peut obtenir près des malades, par la simple sensation des sensitifs bien portants.

—

12ᵉ LETTRE.

Transmissibilité odique, conductibilité, l'approche.

Vous connaissez à présent les principales sources d'od autant qu'il m'a réussi de les découvrir. Les cristaux, le soleil et la lune, les aimants, les plantes, les hommes, la chimie y compris la fermentation et la putréfaction, le son, le frottement par le mouvement de l'eau, le calorique, l'électricité, et en dernier lieu tout le monde extérieur, le tout selon les gradations de leurs forces, tous manifestent les phénomènes visibles et palpables que nous ne pouvons ranger près d'aucun des dynamides connus ; mais ils présentent un point de vue général par lequel on peut reconnaître leur relation, ce qui fait qu'ils doivent être soumis à la loi physique existante par soi. Nous voulons maintenant examiner le principe qu'on doit présumer devoir leur servir de base d'après quelques-unes de leurs propriétés.

La première que nous abordons est celle de leur transmission d'un corps sur un autre, c'est-à-dire leur transmissibilité. Un corps qui est chaud ou électrisé communique la chaleur à celui avec lequel on le met en contact ou l'électrise; on dit alors : les dynamides peuvent être transmis. Il en est de même avec l'OD. Vous avez vu qu'un verre d'eau a acquis des propriétés odiques, lorsqu'on le tenait contre les pôles des cristaux ou des aimants ou qu'il était mis en rapport avec un tube de verre frotté, ou placé dans la lumière du soleil ou de la lune, ou bien dans les couleurs blanche et rouge de l'arc-en-ciel. Mais vous pouvez remplacer l'eau par tout autre corps qu'il vous plaira. Prenez un petit morceau de bois, une pelotte de fil, votre montre, une soucoupe en porcelaine, une petite pierre, un petit morceau de sucre, tout ce qui vous tombera par hasard entre les mains. Faites d'abord prendre ces choses pendant quelques moments dans les mains d'un sensitif pour les examiner, posez-les ensuite pendant quelques minutes devant un pôle émettant de l'OD, puis remettez-les dans la même main du sensitif; il trouvera tout changé et dira qu'il les a reçus au retour plus frais ou plus chauds, et remarquez bien qu'il les trouvera exactement changés dans le sens dans lequel la source d'OD aurait agi sur l'objet que vous vouliez exposer à l'expérience, et non pas dans le sens opposé comme le produit en pareil cas le magnétisme dans le fer. Rien autre n'a donc lieu, sinon que le pôle émettant de l'OD a mis dans le même état odique dont il était saturé l'objet indifférent qu'on a placé dans son centre d'activité. Ceci est une transmission-

transmissibilité qu'on doit bien distinguer avec in-
duction. La première est une influence odique, la
dernière est particulièrement une manière d'in-
fluencer magnétiquement les corps. Les différents
verres d'eau que vous avez vu exposés à différentes
sources d'od furent chargés d'od ; et le chargement
qui s'opéra en eux doit être considéré comme analogue à celui qui a lieu dans un verre d'eau quand
on chauffe l'eau ou qu'on la refroidit ; c'est la même
eau, rien de palpable n'y est entré, elle n'a subi
qu'un changement dynamistique assez remarqua-
ble, un changement qui a agi sur le sens du goût.
Vous pouvez faire la même expérience sur la lumière.
Conduisez un fil de cuivre par un bout dans la
chambre obscure, laissant l'autre bout en dehors,
au jour ; vous mettrez successivement contre ce
bout un fort pôle de cristal, un pôle d'aimant, une
de vos mains, ou passez une lime par dessus, ou en-
foncez-le dans un verre dans lequel vous ferez dis-
soudre par fraction une poudre aérophore, ou te-
nez-le par dessus un feu de charbon, ou mettez-le
dans la sphère du diviseur du conducteur électrique. Dans tous ces cas votre sensitif verra luire le
fil dans l'obscurité et verra jaillir de son extrémité
une petite flamme fumante mélangée d'étincelles,
aussi longtemps que vous continuerez votre action
sur le fil. L'od transporté sur le fil le fera luire da-
vantage, et jaillira de l'extrémité d'une manière
visible à l'œil sensitif en se dispersant dans l'air.
De la même manière, il sort constamment du bout

de vos doigts et du bout de vos doigts des pieds,
et de tout votre corps, une émission odique qui
monte dans l'air. Cette fuite n'est autre qu'une
véritable transmission d'od sur l'air. Une des plus
fortes transmissions de ce genre se fait par la respiration de tout ce qui vit. Comme il y a une très
grande activité chimique dans les poumons, l'od
se met en mouvement selon sa règle et se trans-
porte sur l'air qu'on respire, pour être ensuite ex-
piré fortement chargé. Cécilia Bauer, la femme
d'un aubergiste, à Vienne, forte et parfaitement
saine, mais très sensitive, m'a raconté avec une
certaine anxiété que quand elle se réveille pendant une nuit bien sombre où elle ne peut rien reconnaître, elle voit toujours son mari endormi et
son enfant couchés à côté d'elle comme luisants,
et qu'à chaque respiration, des nuages de vapeur
luisants s'élevaient de leurs bouches. Ceci est l'haleine chargée d'od que presque tous les sensitifs
voient, dans l'obscurité, sourdre de leurs bouches
comme la fumée de tabac.

Reportez-vous à présent, à ma première lettre, à
l'omnibus ou au chemin de fer où un sensitif est
enserré entre d'autres personnes, et auquel la réaction de l'od isonome devint douloureuse. Cela
provient que l'air dans l'espace fermé et resserré
se charge et se sature en peu de temps de l'od sortant de tous ses corps humains et venant de leur
respiration. Le sensitif ne peut en respirer que selon le besoin de sa nature, sans recevoir de l'air qui

en est chargé. Imaginez-vous maintenant la position du malheureux, quand on lui a refusé de tenir une glace ouverte ? Il est à la torture, et personne ne reconnaît sa peine ; dorénavant vous lui offrirez votre compassion et votre secours. Il vous paraîtra aussi clair pourquoi un haut sensitif ne peut rester dans des réunions compactes, surtout dans des salons où les plafonds sont peu élevés. L'air y est bientôt saturé d'od ; il devient inquiet, il étouffe, est impatient, et le plus petit motif le rend de mauvaise humeur, irritable et chagrin s'il ne peut fuir ; plus il est forcé de rester, plus il sera dérangé. Il en arrive de même aux sensitifs dans leur lit ; moyennant leurs propres émanations odiques, ils chargent les traversins, les couvertures et le lit, qui deviennent bientôt nauséeux et inquiétants ; ils se tournent et se retournent pendant toute la nuit, jettent à bas leur couverture, et ne trouvent le repos que lorsqu'ils sont tout à fait découverts.

Un haut sensitif est toujours un être agité : il est à la lettre *un mauvais coucheur*, il doit l'être par nature ; il charge lui-même tous ses habits, isonome odiquement par les membres qu'ils recouvrent. Les habits et les membres chargés isonome odiquement réagissent réciproquement les uns sur les autres par le tiéde nauséeux. Le sensitif souffre donc toujours à l'état de repos et ne trouve de soulagement que dans le mouvement, par l'expulsion de l'od dans l'air ; c'est pourquoi il ne supporte qu'un habillement léger et que tout lui pèse. Il a le continuel besoin de changer de position et d'occupation.

L'od ne se laisse non-seulement transporter sur tous les autres corps, il se laisse aussi conduire à travers les corps. Nous avons déjà passé en revue une de ces expériences, lorsque votre sensitif a tenu un bâton dans la lumière du soleil; l'od du rayon solaire a passé à travers le bâton dans sa main. Mais faites un bâton artificiel, en joignant à un bâton de bois une tige de métal, contre celle-ci une bougie de cire, et finalement attachez-y un cordon de soie; donnez cette tige composée de quatre éléments par le bout du bois dans la main gauche du sensitif. Quand il l'aura tenue pendant une demi-minute, emparez-vous du cordon de soie avec vos doigts de la main droite. Après quelques secondes vous apprendrez que la tige devient fraîche. Si au lieu de cela vous la prenez avec les doigts de la main gauche, il y aura revirement et elle deviendra tiède. Mettez le cordon de soie sur des pôles de cristaux, dans l'iris au clair de la lune, dans une poudre aérophore, sur du soufre, par tous les côtés vous attirerez les influences correspondantes à la source d'od, qui arriveront par ces différents conducteurs à la main sensitive. Vous pouvez aussi composer des conducteurs de soufre, de verre, de soie, de résine, de gutta-percha et avec tout corps idio-électrique qu'il vous plaira, ils seront tous aussi bons conducteurs d'od que les métaux ; il n'y a point d'isolants pour ce dynamide, et c'est là où gît la difficulté qu'il oppose à toute recherche. Il n'est pas même nécessaire que vous mettiez la tige dans la main du sensitif en rapport par le contact avec les porteurs d'od, il suffit de la simple approche. Mettez-lui un tube de verre dans la main et approchez à l'autre bout la pointe de vos doigts, sans le toucher aucunement ; aussitôt vous apprendrez que vous produisez une influence, plus faible à la vérité, sur le tube et la main sensitive, mais égale en qualité. Mettez un pôle de cristal, une peau de chat, du bichromate de potasse, un morceau de soufre, une bouteille de moût de vin en fermentation dans la proximité du tube, et la main sensitive apercevra tout aussitôt la réaction qui en provient. Cela est conforme avec les émissions lumineuses de toutes ces sources d'od. De bons conducteurs tels que les métaux, le verre, la soie deviennent lumineux par chaque forte charge ou conduite à travers les corps, et s'entourent tout le long d'une atmosphère de vapeur luisante, qu'on ait agi sur eux par un contact réel ou simplement par approche.

—

13ᵉ LETTRE.

Le dualisme odique.

Partout où l'on jette son regard dans la nature, on rencontre de doubles oppositions. Elles ne manquent pas non plus sur le terrain que nous

parcourons ici. Vous les avez déjà trouvées chez
les cristaux, chez les aimants, sur les deux moitiés
des animaux et des hommes, où on les aperçoit
toujours d'un côté avec une lueur odique rouge-
jaune, et des sensations tièdes-nauséeuses, et de
l'autre côté avec la couleur bleue et de la fraîcheur.
Cette opposition apparaît souvent dans les phénomènes odiques ; elle tient à l'essence de ce dynamide.

Prenons cette fois les corps simples pour point
de départ. Donnez successivement un flacon contenant du potassium, et un autre avec du soufre
en poudre dans la main gauche de votre sensitif.
Il vous dira bientôt, que le premier est tiède et
nauséeux, et l'autre frais et agréable. Faites de
même avec du sodium, de l'or, du platine, du
mercure et du cuivre d'un côté et de l'autre avec
du solénium, de l'iode, du tellure, et de l'arsenic ;
les premiers seront tièdes-nauséeux, et les autres
frais. Vous pourrez utiliser cette différence gra-
duée dans la force odique des corps simples pour
en faire une série où le potassium serait à une extrémité comme le plus tiède-nauséeux, et l'autre,
l'oxygène, le corps le plus frais ; en examinant bien
cette série, vous remarquerez avec étonnement
qu'elle se rencontre à de faibles différences près avec
celle dont les chimistes se sont servis pour l'oxygène, selon les forces de l'affinité, et qu'ils nomment la série électro-chimique. Nous sommes ar-
rivés par un tout autre chemin au même résultat

avec cette série qui ressemble à la première, et nous devons la nommer série od-chimique.

N'est-il pas bien surprenant qu'une simple fille sans connaissance soit capable de ranger et mettre en série dans une heure de temps l'ensemble des corps simples, lorsque les esprits les plus distingués, et les plus grands savants de notre temps y ont mis plus d'un demi-siècle de peines, de persévérance et de pénétration ? Le grand Berzélius, le créateur du système électro-chimique, a senti cela très bien lorsqu'à Carlsbad, dans l'année 1845, je lui en fournis des preuves. Mais depuis sa mort, les chimistes survivants n'ont plus jugé cette bagatelle digne de leur attention. Un physiologiste a eu même le courage d'accuser feu Berzélius d'avoir eu l'esprit affaibli par l'âge l'orsqu'il a mis publiquement les résultats de mes recherches sous son énergique protection, et pour venir en aide à l'insolidité de son propre jugement, il eut ni plus ni moins le besoin de donner l'assurance tranchante que Berzélius avait presque perdu la raison.

Les corps amorphes, chacun pour soi, ne montrent aucun signe de dualité dans cette série odique ; il faut considérer chacun en particulier comme unipolaire de la même façon que la doctrine sur l'électricité fait à l'égard du savon, mais considérés en masse, et pris comme unité collective de toutes les substances ; l'opposition citée d'après laquelle des sensations tièdes-nauséeuses se produisent à l'une des extrémités dans la main du sensitif, et des sensations de fraîcheur de l'autre, est bien établie. La polarité odique dans le monde extérieur est constatée. Et comme les substances tièdes de la gauche sont électro-positives, et que les fraîches sont électro-négatives, je suis astreint, pour agir dans le même sens et d'une façon conséquente, de nommer les premières od-positives, et les dernières od-négatives. Parmi les corps composés j'ai trouvé les alcalis et les alcaloïdes, et tout ce qui est empreint de leur caractère od-positif; par contre, les sels haloïdes, la pluralité des oxydes, et des acides od-négatifs. Les substances organiques, telles que les gommes, l'amidon, plusieurs huiles, et la sarafine, tiennent à peu près le milieu. Chez les cristaux j'ai trouvé que le point sur lequel ils ont fait leur croissance, était toujours tiède-nauséeux à gauche, et d'une lueur jaune-rouge, et qu'ils étaient frais et d'une lueur bleue vers les pointes du haut. On peut poursuivre cette règle jusqu'aux cristallisations filamenteuses, et aux solidifications où la forme du cristal est presqu'imperceptible.

La base des cristaux est donc od-positive, et la pointe od-négative.

Les aimants, lorsqu'ils sont dirigés contre le pôle sud à gauche sont tièdes, et d'une lueur rouge ; ainsi od-positif ici, et contre le pôle nord frais et de lueur bleue ; par conséquent, od-négatif. Quelques physiciens, non pas tous, déclarent le point vers le pôle nord de la boussole magnéto-positif, sans en bien déterminer la cause ; mais d'après les résultats odiques, j'ai bien lieu d'en douter.

Les corps OD-positifs et électro-positifs marchent ensemble, comme nous l'avons vu ; les magnéto-positifs doivent aller du même pas avec eux. Par conséquent, le pôle de la boussole, dirigé contre le nord, qui luit bleu, ne peut être que magnéto-négatif.

Le calorique, la chimie et le son, n'ont produit par les expériences faites jusqu'à présent, par des phénomènes OD-négatifs, et le frottement que des OD-positifs. Il est nécessaire d'étendre ici encore les expériences pour la justification des oppositions odiques. La lumière polarisée du soleil est OD-positif dans la partie qui est traversée, et OD-négatif dans celle où elle est repoussée.

Les rayons rouges, jaune foncé et jaune du spectre, ainsi que ceux qui sont rouges vers le bas, sont tous OD-positifs ; les rayons bleus, violets, et les rayons chimiques, sont OD-négatifs. Il en est de même du spectre lunaire et aussi du faible spectre d'une lampe d'argand.

Les animaux et le corps de l'homme en parti-culier, sont positifs odiques sur tout le côté gauche, depuis le sommet de la tête jusqu'aux doigts du pied. Ils sont négatifs sur tout le côté droit. Ceci se fait beaucoup mieux remarquer par les bouts des pieds et la pointe des doigts, et de préférence aux racines des ongles, au point de la plus vive activivité organique de toute la main.

Ainsi, l'homme est polarisé selon sa largeur, mais il possède encore d'autres axes odiques d'une moindre apparence ; un axe longitudinal et un axe diamétral ; je suis bien forcé de m'interdire ces démonstrations par le peu d'étendue de ces lettres. Fortifiez tout cela de plus en plus dans votre conviction par quelques simples expériences.

Mettez une feuille de papier fin de couleur bleue moyenne devant un sensitif, et dites-lui de la regarder alternativement, tantôt avec l'œil gauche, tantôt avec l'œil droit, en se couvrant chaque fois l'autre œil. Il trouvera le regard avec l'œil gauche agréable, et celui avec l'œil droit désagréable. L'œil gauche est od-positif : la couleur bleue agit, comme vous le savez déjà, od-négativement. Si des agents hétéronomes se rencontraient, ils produiraient une sensation agréable. Dans l'autre cas, où l'œil droit regarderait dans le bleu, les deux agents isonomes produiraient des sensations nauséeuses. Contrôlez cette expérience avec une feuille de papier jaune-orange, partout vous obtiendrez le même résultat, mais elle sera en sens inverse avec les yeux opposés. Vous voyez aussi, par cette expérience délicate, que la sensation nauséeuse de la couleur jaune, et l'agréable de la couleur bleue, repose particulièrement sur ce que les sensitifs la reçoivent par l'œil gauche, et que l'action de ce côté est sciemment prédominante sur la droite.

Regardez avec votre œil droit pendant un peu de temps dans l'œil gauche d'un sensitif, il n'aura rien à vous objecter ; bien entendu que les yeux opposés seront couverts pendant ce temps. Regardez maintenant avec votre œil gauche, il deviendra sur-le-champ inquiet, il ne pourra le supporter à peine qu'une demi-minute ; et si vous voulez le forcer, il s'en ira.

Est-ce un haut sensitif ? un si court regard agira si fortement sur lui, et si contrairement, qu'après coup il ne verra plus rien par cet œil pendant quelques secondes ; si on veut le forcer à persister, il arrivera plusieurs fois qu'il sera contraint de vomir.

Le regard gauche dans le regard gauche est une conjonction isonome qui devient toujours insupportable.

Y a-t-il un dualisme odique dans l'opposition des deux sexes, et peut-on le reconnaître ?

Je fis cette question à la nature par l'intermédiaire de l'expérience suivante :

Je plaçai vis-à-vis d'une femme sensitive un homme et une femme, et leur mis à tous deux un verre d'eau à la main droite ; après six minutes, temps nécessaire pour *odiquer* l'eau négativement, je fis goûter l'eau des deux verres à la sensitive, elle les trouva fraîches toutes deux, mais celle de la main de l'homme plus fraîche et plus agréable que celle de la main de la femme. Puis je plaçai les deux vis-à-vis d'un homme sensitif, et procédai de même. Mais celui-ci trouva l'eau de la main de la femme plus fraîche. Vous voyez clairement que l'homme et la femme se trouvent en opposition od-polaire.

Vous avez remarqué que dans toutes mes expériences sur la sensation, je me suis toujours servi de la main gauche des sensitifs, et non de la droite. Vous pouvez maintenant en connaître la raison.

Le frais et le tiède ne sont pas des influences absolues d'excitations extérieures sur le sensitif, ils ne sont que relatifs, et ne sont applicables qu'à un côté de son corps. La sensation est inverse de l'autre côté. Pour ne pas faire de confusion dans mon exposé, j'ai dirigé toutes mes expériences sur un seul côté, particulièrement sur le gauche, parce que dans la règle, les influences sont plus fortes, elles ont plus de clarté de ce côté, et sont plus nettement apparentes. J'aurais pu tout aussi bien choisir la droite, les résultats eussent été les mêmes, seulement avec des lueurs et des sensations inverses.

—

14ᵉ LETTRE.

Le spectre de la lumière odique, la lumière polaire de la terre.

La magnificence de l'arc-en-ciel qui se montre dans la splendeur du jour, a déjà souvent réchauffé votre cœur ; je veux entreprendre de vous conduire près d'un arc-en-ciel dans l'obscurité et la nuit.

Un sensitif faible n'aperçoit rien autre, dans l'obscurité, aux deux pôles des cristaux, qu'un nuage indécis, grisâtre, une lueur trouble au milieu de l'obscurité. Un sensitif moyen distingue que la clarté à un pôle est bleue-grise, et à l'autre, jaune-rouge, exactement comme sa main droite et sa main gauche. Un haut sensitif reconnaît enfin, que ce bleu et ce jaune ne sont pas des couleurs simples, mais que dans leur intérieur en palpitent encore pêle-mêle, plusieurs autres, telles que le vert, le rouge, l'orange, le violet, et que chacune des deux flammes polaires, vue plus exactement, présente un tableau de couleurs variées ; mais il est bien entendu que les dernières n'y figurent que comme accessoires, comme taches colorées, subordonnées dans le bleu général de l'un, et dans le rouge général de l'autre pôle.

Weidlic, (Frédéric) matelot invalide (février 1846) a été le premier à me rendre attentif que les couleurs ne jouent pas toujours les unes à travers les autres par un mouvement agité, mais qu'elles se superposaient et se coordonnaient tranquillement, quand elles n'étaient pas dérangées par le courant d'air produit par les mouvements et l'haleine. Lorsque je m'informai sur l'ordre de leur gisement, j'appris que le rouge, mêlé de beaucoup de fumée, se déposait toujours au plus bas ; viennent ensuite le jaune-rouge, le gros jaune, le jaune mat, le jaune serin fondant en vert, passant au bleu, d'abord au bleu clair, ensuite au bleu

sombre qui apparaît d'abord au haut rouge-violet,
ce qui enfin se perd dans une vapeur remplie de
fumée, et que tout est embrouillé de quantité d'é-
tincelles claires, luisantes, ou petites étoiles. Ce que
j'ai appris par cet homme, m'a été dit par beaucoup de sensitifs dans des milliers d'expériences nocturnes. Mais cela est-il autre chose, sinon que l'ordre des couleurs du spectre prismatique? L'apparition d'une Iris éclairée dans l'obscurité absolue...
Quel merveilleux aspect! Tous les hauts sensitifs le
dépeignaient comme la chose la plus admirable
qu'ils avaient vue de leur vie.

Je plaçai une forte tige aimantée, perpendiculairement, le côté vers le pôle sud en haut, une
teinte rougeâtre domina toutes les couleurs de
l'arc-en-ciel, qui se déposaient tranquillement sur
elle. Je la renversai pour diriger son pôle vers le
nord en haut ; une lueur bleuâtre couvrit l'iris tem-
pérée. La coupure de travers entre les deux pôles
de la tige, était de 27 millimètres carrés ; pour ré-
trécir ce plan, je posai une coiffe pointue en fer par-
dessus. L'émanation lumineuse devint plus mince,
plus luisante et plus longue, mais l'ordre de l'arc-
en-ciel persista. Je mis à la place de la coiffe, une
pointe à deux branches, et la lumière s'émana par
toutes les deux, mais par l'une elle fut toute bleue,
et par l'autre jaune-rouge. Finalement, j'y ai mis
une coiffe à quatre branches, et chacune fit voir
une lumière d'une autre couleur ; la première portait une flammèche bleue, la seconde une jaune, la

troisième une rouge, la quatrième une blanchâtre
grise. Toutes les quatre s'élevèrent perpendiculairement, les unes à côté des autres, par les quatre
côtés de la tige. J'avais donc réussi à faire la sépa-
ration de quelques couleurs de cette énigmatique
Iris, et à les rendre, pour ainsi dire, chacune indé-
pendante des autres. Si je tournais la tige lentement sur son axe vertical, les couleurs ne la sui-
vaient pas, elles restaient à leur place ; et lorsque
la branche qui portait originairement la petite flamme jaune, était arrivée au point où celle avec la
couleur bleue se trouvait d'abord, la jaune avait
passé au bleu, le bleu au gris, le gris au rouge.
Les couleurs n'étaient donc pas dans l'unique dé-
pendance de la tige, elles étaient dans un autre rapport ; ce qu'il me fut bientôt possible de reconnaître. Ce sont les quatre points cardinaux qui exer-
çaient leur influence sur les couleurs de la tige. La
lumière bleue était toujours sur la branche qui était
dirigée vers le nord ; la jaune sur celle vers l'ouest,
la rouge sur celle vers le sud, et la grise-blanche
sur celle vers l'est. J'eus beau tourner la tige, avec
ses quatre branches, d'une façon ou d'une autre, les
couleurs ne quittèrent pas, et restèrent dans la
même direction du ciel, l'une vis-à-vis de l'autre.
(A. — Voir à la fin de l'ouvrage.)

A la place des quatre branches perpendiculaires,
je plaçai une plaque carrée en fer de 33 centimètres sur la tige aimantée verticale ; elle ne fut pas
plutôt placée sur le pôle, que les lumières colorées

s'élevèrent des quatre coins, comme elles étaient montées par les quatre branches verticales, et la belle image de l'arc-en-ciel sortit des ténèbres. La lumière s'émana tout au tour du disque. En partant du nord, elle passa par toutes les nuances du bleu dans toutes celles du vert ; vers l'ouest, dans celles du vert-jaune et du jaune-rouge-orange ; vers le sud, elle fut gros rouge, puis gris-rouge ; vers l'est, elle fut grise ; une bande de noir se fit voir assez isolément dans le nord-est ; en s'approchant du nord, les teintes bleues reparurent.

Je fis faire une boule creuse en fer, assez grande pour pouvoir l'étreindre entièrement avec les bras, et je la suspendis par un cordon en soie au milieu de ma chambre obscure. Dans son intérieur et à travers elle, je fis placer verticalement une tige de fer entourée d'un fil de cuivre sextuple, que je pouvais mettre en rapport avec un appareil de Volta, composé de zinc et de plateaux d'argent, selon Schniec et Young. Au moment où j'eus converti la tige en électro-aimant, mes sensitifs virent la boule suspendue, lumineuse en couleurs variées, sortir des ténèbres ; toute sa surface brillait dans le lumière de l'arc-en-ciel ; les sections de la boule vers le nord étaient bleues de pôle à pôle : celles vers le nord-ouest étaient vertes vers l'ouest, jaunes vers le sud-ouest, jaunes-rouges vers le sud, rouges vers sud-est, rouge-gris vers l'est, gris vers nord-est, rayées rouges avec retour au bleu. Les couleurs formaient visiblement des lignes délicates l'une à

côté de l'autre, séparées par une ligne un peu plus
foncée. Toute la boule était plongée dans une
sphère de vapeur d'une lueur déliée ; la moitié supérieure, od négatif, possédait partout une apparence bleuâtre, plus prononcée sur toutes ces couleurs.

L'inférieure od positive une plus rougeâtre :
tout au haut du pôle où se trouvait le pôle nord
de l'électro-aimant, s'élevait une colonne de lumière de la nuance bleue, qui dépassait la boule
de la hauteur d'une main, se courbait alors vers
tous les côtés, semblable à un parapluie ouvert, et
se répandait tout à l'entour par-dessus la boule, à
une distance de 5 centimètres 40 millimètres, à
8 centimètres. L'autre pôle du bas, le pôle sud, re-
présentait un bouquet de feu pareil, d'une lueur
rougeâtre, montant tout autour de la boule. Les
deux s'éparpillèrent et se perdirent avant d'avoir
atteint l'équateur de la boule.

Il est facile de voir que par cette boule, je me
proposai d'imiter un petit globe terrestre, avec un
pôle nord et un pôle sud, paré des forces magnétiques qui lui appartiennent, et mises à l'épreuve
de la lumière odique. On remarque, en effet, que
les résultats ressemblent d'une manière étonnante
à ceux de la lumière boréale, et à ceux du pôle
sud de notre planète.

En comparant plus exactement encore les deux
faits, on arrive à des rapprochements tellement
exacts, qu'on peut admettre, comme extrêmement

vraisemblable, que l'aurore boréale est la lumière odique positive. Nous voyons donc que tous les phénomènes de la lumière odique ne sont point unicolores, mais qu'en les observant avec attention ils se résolvent dans une Iris régulière.

15e LETTRE

Le magnétisme terrestre et l'Od terrestre.

Si le gissement des couleurs de la lumière odique est déterminé par les quatre points cardinaux, comme vous l'avez vu par ma dernière lettre, ceux-ci doivent contenir quelque chose qui est en rapport intime avec l'od.

Si un petit aimant de poche en vertu de sa valeur odique a déjà de l'influence sur ces choses, il saute aux yeux que le magnétisme qui sort d'un énorme foyer, comme le globe terrestre (j'entends le magnétisme terrestre), doit exercer la plus grande influence sur les phénomènes odiques de notre sphère en général et sur chacun en particulier. Cette influence n'est autre que l'OD qui accompagne partout le magnétisme et qui, par conséquent, est aussi en rapport avec les pôles terrestres magnétiques d'où part son action pour toute la planète.

On pourrait l'appeler l'OD terrestre.

Nous avons vu que le pôle de l'aimant qui donne à la main gauche de la fraîcheur odique, comme le font les corps électro-négatifs, se trourne du côté nord si on lui laisse la liberté du mouvement dans la boussole. Nous fûmes obligés de le reconnaître comme négatif ainsi que l'od qui lui est inhérent. Et comme le pôle de la terre qui l'attire dans cette direction ne peut être hétéronome, il s'ensuit que le pôle nord de la terre doit être *od* positif, et le pôle sud *od* négatif. Il s'ensuit de plus que tout le côté nord de la moitié de la terre doit être *od* positif, et par contre celui du sud *od* négatif.

Nous allons de suite en faire une application très rapprochée dans la vie journalière. Dans ma première lettre j'ai déjà provoqué votre attention sur ce que tous les sensitifs ne peuvent dormir sur le côté gauche, mais alors seulement s'ils couchent sur la droite. J'ai le courage d'émettre ici ma pleine conviction, c'est qu'il n'en sera pas de même dans la Nouvelle-Hollande, au Chili et à Buenos-Aires, au contraire, que tous les sensitifs ne voudront y dormir que sur le côté gauche. Dans le voisinage de l'équateur il leur sera indifférent de coucher sur la droite ou sur la gauche. Il faut bien qu'il en soit ainsi. La terre est *od* positif au nord. Opposez sur le côté gauche également od positif d'un sensitif, cela fera une conjonction isonome qu'il ne supportera pas. Elle produit le tiède nauséeux, inquiète et provoque l'insomnie. Mais couchez votre impressionnable ami sur sa droite *od* négative ; alors, la fausse position cesse, la conjonction hétéronome a lieu. Côté négatif et sol positif sont en face l'un de l'autre, et tout revient au repos et au bien-être. Le sensitif s'endort sans tarder. Le cas est inverse sur l'hémisphère du sud. Vous trouvez là une profonde preuve d'une chose en apparence très superficielle que la pathologie pourra enregistrer.

Je citerai en passant un cas semblable, mais qui est d'une importance plus grande. Faute d'espace, je ne vous ai rien dit de la propriété odique de l'axe longitudinal de l'homme. En supprimant la citation des preuves, je vous dirai brièvement que j'ai trouvé l'homme dans la partie haute vers le cerveau *od* négatif, et dans le bas, vers le ventre, *od* positif. Ceci posé, je vous prie de placer quatre chaises au milieu d'une chambre. Vous dirigerez le dos de l'une magnétiquement contre le nord ; celui de la seconde vers l'ouest, de la troisième vers le sud et de la quatrième vers l'est. Et demandez à un bon sensitif s'il lui est indifférent de se reposer pendant quelque temps sur l'une ou l'autre de ces quatre chaises. Lorsqu'il les aura toutes essayées, il vous dira qu'il se trouve le mieux à son aise sur celle où son dos est tourné vers le nord et sa figure vers le sud, et qu'il serait au plus mal sur celle où son dos serait tourné vers l'ouest et la figure vers l'est.

Je passerai outre sur les propriétés des autres chaises, mais je vous inviterai d'étendre cette expérience sur le lit de votre sensitif. Qu'il se couche, puis poussez-le avec son lit successivement vers les quatre points cardinaux. Vous apprendrez bientôt qu'il ne trouve le bien-être que dans la position où sa tête est dirigée contre le nord et les pieds vers le sud. L'explication est palpable. La partie supérieure de la moitié du corps est relativement à l'axe longitudinal *od* négatif et le pôle nord de la terre *od* positif : s'ils sont tournés l'un en face de l'autre, cela fait une conjonction hétéronome, par conséquent agréable. La partie inférieure de la moitié du corps est *od* positif, et fait avec le pôle sud négatif de la terre une opposition hétéronome ; toute autre position, soit assis ou couché, est moins convenable, et plus ou moins désagréable, très-nauséeuse ou inquiétante. Il y en a quelques-uns parmi mes sensitifs qui, depuis qu'ils ont reçu mon instruction, voyagent toujours munis d'un compas, et placent leurs lits dans les auberges, dans la direction de la boussole.

J'ai trouvé les hauts sensitifs en général, incapables de trouver le repos dans une autre position que dans la direction du nord-sud.

Mais la position du lit a aussi une si grande influence sur les sensitifs moyens, même sur les faibles, que non-seulement le repos pendant la nuit en dépend, mais par suite le bien-être général. M. Delhez, maître de langue française, en est un exemple. Un sensitif bien portant doit donc observer, comme règle diététique, que sa tête soit toujours dirigée vers le nord.

Mais un sensitif malade doit toujours, et avant tout, être placé dans cette direction ; sans elle, tous les soins pour sa guérison et toute médication sont presque inutiles. Maintenant, je puis aussi revenir avec vous à l'église où je vous ai quitté dans ma première lettre, près de personnes tombées en syncope. Dans l'architecture des temples chrétiens, on a adopté pour règle une vieille coutume païenne qui est de placer l'autel du côté de l'orient, de façon que la nef se trouve du côté opposé. L'assemblée dans cette coordination, est assise de manière que la figure est tournée vers l'autel et le dos vers l'ouest. Mais ceci est comme vous l'avez vu précisément, la direction qu'un sensitif supporte le moins. Sa gauche *od* positif est alors tournée vers le pôle nord *od* positif de la terre, et sa droite *od* négatif l'est en même temps vers le pôle sud *od* négatif. Il est donc assis sous la double influence de conjonctions isonomes ; ce qu'il ne pourra pas supporter. Si cela dure pendant un certain temps, pendant les heures d'un service divin entier, et que sa sensibilité ne soit pas faible, il sera accablé de malaise : il aura de la chaleur, sera inquiet, aura de l'anxiété et sera douloureusement affecté de migraines et de maux d'estomac ; et s'il ne peut fuir, il tombera en défaillance. Ceci se passe journellement dans les grandes églises et sans autre cause que la mauvaise ordonnance de la construction.

On peut encore appliquer cela à la vie journalière de l'intérieur. Nulle chaise, aucun sopha, ni siège, doivent être placés de façon que celui qui s'y asseoit tourne le dos vers l'occident ; si c'est un sensitif, même étant debout, le dos tourné contre l'ouest lui sera insupportable. M. Philippi, ingénieur-major, bon sensitif moyen et marin expérimenté, n'avait nul besoin du compas à bord pour s'orienter en tout temps.

Il se tournait simplement debout sur lui-même, et sentait tout aussitôt distinctement où se trouvait l'ouest et le nord. Tout marin sensitif apprendra cela bientôt, et trouvera le pôle d'après la même loi par laquelle le chercheur de sources sent couler l'eau sous lui. Ces choses entrent si avant dans la vie commune qu'elles décident de la position d'un meuble, d'une machine, d'un piano. Une dame sensitive touchait souvent du piano dans ma maison ; mais elle ne se trouvait jamais à son aise ; elle ne savait à quoi attribuer qu'assise devant mon instrument qui, d'ailleurs, était bon, elle fût chaque fois prise de malaise. Après quelques réflexions, je ne manquai pas d'en trouver bientôt la cause. Les cordes de l'instrument étaient dans le méridien, et la dame se trouvait assise le dos vers le sud. Elle était donc assise devant des pôles *od* positifs, d'autant de longs aimants qu'il y avait de cordes tendues sur la table d'harmonie. Il lui était impossible de supporter cette position : si elle avait persisté plus longtemps, elle serait tombée en défaillance. Je retournai le piano, afin que cette dame fût assise dans son nord et devant tous les pôles nord des cordes, au moment même

6

tout alla bien ; elle toucha avec bien-être et avec joie de cet instrument. Un piano à queue ne doit donc jamais être placé de façon que le joueur soit assis devant son sud ou son ouest, nul sensitif s'en trouvera bien. Je connais un homme, qui était bien dans son ménage, tisserand diligent et passablement sensitif ; il changea de logement ; depuis lors, son métier ne lui plaisait plus. Il ne tenait plus sur son siége devant ce métier ; il alla au cabaret, à la brasserie, négligea son travail et se ruina. Le métier à tisser était placé dans la direction du nord dans son ancienne demeure, et dans la nouvelle, son dos se trouvait dans celle de l'ouest, quand il était au travail ; ce qu'il ne put supporter. I ne put résister à la douleur odique dont il ne connaissait pas la cause, ce qui causa la ruine de ce brave homme. Des milliers d'hommes, qui sont dans le cas de gagner leur vie, étant assis, des travailleurs manuels, des couturières, des écrivains, des employés, des artistes, et les peintres particulièrement qui laissent arriver la lumière par le nord et sont tenus d'être assis le dos vers l'ouest, ont par cette raison perdu le goût du travail, et sont devenus les victimes innocentes de l'ignorance qui a régné jusqu'ici sur ces relations physiques.

16ᵉ LETTRE.

*Vitesse conductrice. — Rayonnement. — La portée
odique. — Atmosphère odique. — Odoscope. —
Etymologie du mot* OD.

Vous connaissez la conductibilité de l'OD à travers les corps, mais vous ne connaissez pas la vitesse avec laquelle elle s'accomplit. Celle de l'é-
lectricité est, au su de tout le monde, extrêmement
grande ; par contre, celle du calorique est très lente.
L'OD tient une espèce de milieu.

J'étendis un fil de fer de 33 centimètres, et plaçai
successivement à son extrémité différentes sources
odiques, sortant soit des mains, des cristaux, des
aimants, etc. Une personne, haute sensitive, sen-
tit l'arrivée de l'action, partant de l'autre bout du
fil, dans sa main, la plupart du temps après environ une demi-minute. Vous pouvez conclure de là :
que l'OD avança assez lentement dans le fil, et
qu'un homme serait capable de le suivre à la
course.

Vous avez vu que la transmissibilité et la conductibilité s'effectuaient sans attouchement effec-
tif de la source odique, c'est-à-dire par simple approche. Cela a-t-il lieu par absorption des émanations lumineuses des porteurs d'OD ou par rayonnement ? Nous ne le savons pas encore. L'OD se
répand-il ou non en forme de rayons généralement ? Nous n'en sommes pas encore pleinement
difiés, par la conséquence que l'OD vient avec les

rayons du soleil, qu'il peut être polarisé par des
feuilles de verre. Car l'on de ces provenances
pourrait encore être le produit de la chute des
rayons lumineux sur les réceptacles solides. Mais
mettez-vous vis-à-vis d'un sensitif, et faites une
passe avec les deux mains, à la distance de la longueur d'un demi-bras. Il la sentira très bien,
comme si un souffle frais coulait sur lui. Reculez
d'un pas et répétez la passe, il sentira encore la
fraîcheur, cependant un peu plus faiblement. Reculez de deux, trois, quatre pas, votre sensitif sentira toujours distinctement vos passes, mais avec
une force descendante; il les sentira encore lorsque vous vous éloignerez de toute la longueur de
la chambre. Eloignez-vous de nouveau graduel-
lement loin de lui à travers la chambre attenante,
l'influence deviendra faible, mais sera encore sensible. Chez une personne sensitive moyenne, vous
pourrez vous retirer de la sorte à une distance de
treize à dix-neuf mètres, jusqu'à ce que la sensation de votre passe devienne incertaine et nulle.
Une passe du bas vers le haut est sentie d'un peu
plus loin que celle du haut en bas. Mais j'ai eu des
hauts sensitifs chez qui l'influence de mes mains à
une distance de quarante-neuf mètres (que faute
de place je ne pouvais dépasser, toute la file de
mes chambres étant employée) la sensation n'était
pas encore épuisée. Ils sentirent aussi, à une égale
distance, et instantanément, les pôles de cristaux et
de forts aimants dès que je les dirigeai vers eux,

Vous conclurez de là : qu'une irradiation extrêmement étendue appartient au dynamide odique,
dont les bornes touchent peut-être dans l'infini,
comme celles de la lumière. Comme conséquence
de cela, nous traînons avec nous, à nos doigts, aux
doigts de nos pieds, à nos membres, d'immenses
queues d'invisibles rayonnements, qui, comme
existences substantielles, sont encore entourées
d'une atmosphère lumineuse qui nous entoure et
marche avec nous. Fort souvent j'entendis dire,
dans la chambre obscure que ma tête était entourée
d'une auréole rayonnante, que je me trouvais
ceint d'une auréole de saint. Et il s'en manque
peu que le mythe de cette apparition ne vienne en
droite ligne de l'Orient, où il y a des milliers d'années on le voyait déjà lumineux comme on le voit
ici aujourd'hui.

Cette atmosphère odique que chacun a autour
de lui, qui émane de chaque individu vivant, n'est
pas toujours tout à fait semblable ; elle diffère un
peu chez chacun, à peu près de la même manière
que les influences du goût et de l'odorat, comme
la lumière dans les couleurs, le son dans la gamme ;
elle est un peu différente chez la femme et l'homme,
du jeune au vieux, du sanguin au colérique, chez
l'homme saint et le malade ; elle diffère aussi entre les malades, dans le catarrhe et la scarlatine,
dans le typhus avec sa chaleur mordante, etc. Et
toutes ces différences sont bien reconnues et exactement aperçues par les hauts sensitifs et souvent

par les sensitifs moyens. Vous trouverez ici les
premiers indices sur la possibilité que les malades,
dans un état de sensibilité extrême, reconnaissent
l'approche du médecin, quand les personnes bien
portantes ne peuvent encore en avoir connaissance ;
et comment vous sentez une aussi invincible répulsion contre plusieurs personnes à la première rencontre, ou que vous avez une prédilection nullement motivée pour d'autres ; pourquoi les animaux
carnassiers dont les chiens sentent la trace sur une
feuille sur laquelle leur proie a posé le pied en
fuyant, et d'autres choses semblables, qui ne semblent merveilleuses qu'autant qu'on ne connaît pas
les fils physiques par lesquels ils sont en rapport
avec le monde matériel selon la loi et la façon la
plus simple ; mais, je dépasserais la limite que j'ai
tracée à ces lettres si je voulais entrer dans l'exposé
des rapports odiques d'un ordre plus élevé, je
prends donc congé de vous.

Vous connaissez maintenant l'apparition de ce
que j'ai appelé od d'après ces configurations extérieures. C'est un dynamide qui est analogue et qui
tient de près à ceux que la science connaît déjà.
Il embrasse un groupe particuliers d'objets qui ne
peuvent être pesés, mais qui sont des accidents
dans la nature, perceptibles par les sens ; pour lesquels nous n'avons, jusqu'ici, ni mesures ni réac-
tifs autres que les nerfs humains, qui aussi dépen-
dent à leur tour des circonstances particulières de
l'irritabilité des sensitifs. La raison pourquoi cela

a échappé jusqu'ici totalement à l'appréciation de
la science, est que cela a été repoussé par elle avec
acharnement, et qu'il n'y avait pas d'ODOSCOPE général ni un ODOMÈTRE qui puissent être d'un usage
général, et par lesquels l'existence de l'OD saute-
rait aux yeux de tout le monde, c'est alors où il
aurait pu être facilement prouvé. La cause pourquoi on n'a pu inventer encore un odoscope ressort de la nature de l'OD même, c'est-à-dire de la
puissance qu'il possède à pénétrer toutes les
substances et tous les espaces ; de ne s'accumuler
nulle part et de ne jamais se laisser condenser au
point d'une perceptibilité générale. Il y a, jusqu'à
un certain point, des isolateurs; pour le calorique,
l'électricité et la lumière, je n'ai pu encore réussir
à en trouver un pour l'OD. J'ai cru devoir me
servir du manque de toute coërcibilité pour lui
former un nom propre à quantités de fictions scien-
tifiques. VA, en sanscrit, signifie souffler ; en la-
tin, VARO ; dans la vieille langue du nord, VADA
veut dire : je marche vite, j'y cours, je coule rapidement ; de là VODAN signifie, dans l'ancienne
langue germanique, l'idée d'une chose qui pénètre
le tout. Le mot se transforme, dans les différents
vieux idiômes, en WOUDAN, ODAN, ODIN, où il signifie la force qui pénètre tout, et qui, en dernier lieu,
a été personnifié dans une divinité germanique.

OD est ainsi le signe vocal pour un dynamide
qui pénètre et jaillit rapidement en tout et dans
toute la nature avec une force incessante.

Si la nature nous avait octroyé un sens pour l'od, aussi clair et aussi distinct que pour la lumière et le son, nous serions à un degré beaucoup plus élevé sur l'échelle de la science; nous distinguerions plus vite et avec plus de certitude, et sans comparaison plus facilement la vérité et l'illusion, par l'intermédiaire de cette pénétrabilité générale. Nous pourrions, comme on a coutume de le dire, nous voir dans le cœur les uns les autres. Talleyrand ne pourrait plus abuser de la parole pour déguiser sa pensée, et, par elle, nous deviendrions par la suite des êtres d'une nature plus noble et plus élevée. On peut faire voir facilement que, doué d'un sens odique, nous devrions être une espèce d'anges, et que si cette propriété nous eût été accordée, elle nous aurait élevés incontiment à un degré supérieur de moralité en étendant nos facultés intellectuelles.

La toute sagesse divine, qui ne voulait que des hommes sujets à s'égarer, a dû nous refuser ce qui nous aurait mis au rang des demi-dieux.

FIN DES LETTRES ODIQUES

OBSERVATIONS

MÉTAPHYSIQUES, MÉDICALES ET SPIRITUALISTES

sur les lettres précitées.

—

Nous venons de présenter au lecteur les savantes recherches, appréciations et déductions d'un homme aussi consciencieux qu'érudit. M. Reichenbach apparaît comme un météore, dans nos jours de ténèbres, au milieu de nos diverses écoles, ne s'adressant à aucune de préférence, mais bien à toutes, avec une liberté d'indépendance que nous voudrions trouver chez tous les étudiants, *les lois de l'univers.*

Ce monsieur donne le nom d'OD à un fluide, une substance qui jusqu'alors, comme on a pu le lire dans notre cinquième livraison de l'*Encyclopédie magnétique-spiritualiste*, article *astronomie*, etc., a toujours été reconnu, exister et défini sous les noms d'ESPRIT DIVIN, UNIVERSEL, ETHER, FLUIDE DE VIE, ELECTRIQUE, etc., etc. Les physiciens l'ont spécialement nommé MAGNÉTIQUE, fluide AMBIANT... de qui, de quoi? personne ne nous l'a dit jusqu'à ce jour. Nous-mêmes avons tenté de le décrire dans notre *Sanctuaire du spiritualisme,* comme une *modification d'une substance unique* (selon nous) *qui est la lumière Divine, le souffle de l'Eternel !...* Substance dont l'objectivité paraît modifiée, bien entendu, par les groupes qu'elle forme, anime, et vivifie. Les magnétistes nomment cette substance chez l'homme FLUIDE NERVEUX, FUIDE MAGNÉTIQUE. Les philosophes la nomment FLUIDE CORPUSCULAIRE. Peu nous importe le nom, c'est la chose qu'il nous faut étudier, puisque monsieur Reichenbach nous en offre les moyens. Ce savant paraît être arrivé non à en connaître les lois, mais à prouver l'objectivité de son existence. Alors, plus de doute pour les savants, l'AME SUBSTANTIELLE du monde est rendue sensible à l'œil nu de l'homme, et ne peut-être niée aujourd'hui, si les expériences de ce monsieur ont été faites, dépouillées de tout enthousiasme et d'erreurs : ce que nous pensons.

L'homme étant parvenu à voir cette substance fluidique, ne peut plus douter de l'existence des individualités corpusculaires dont elle est composée... L'AME, l'ESPRIT et le CORPS de toutes choses s'expliquent et se comprennent maintenant par cette précieuse découverte démonstrative... Ce fameux fluide magnétique-nerveux, tant vanté par nos lucides, et tant nié par nos adversaires, vient d'être légitimé par la science officielle, nous en remercions pour notre part M. Reichenbach... Ce sont les lois, ou affinités de ce fluide, qui nous restent à étudier. Où en sont les moyens ? Qui peut en entrevoir les premières notions ?... Si le monde savant a mis cinq mil huit cent cinquante-deux ans pour pressentir seulement l'existence d'un tel fluide, et ne soit arrivé après ce long laps de temps, qu'à la simple proposition de lui donner droit d'existence, combien en mettra-t-il à débrouiller les quelques propositions suivantes ?...

1° Si selon l'auteur précité, une barre de fer posée simplement sur le coin d'une table, émane des deux extrémités une flamme phosphorescente et permanente, dans deux directions inverses, produisant une lumière assez intense pour être comparée à la lumière matérielle, lumière produisant des couleurs différentes. Nous demanderons si c'est cette barre de fer qui contient ce fluide lumineux et coloré, ou n'est-elle simplement que traversée par lui ?

Dans le premier cas, cette flamme serait une continuelle disjonction des agrégats qui constituent la barre de fer. Ce qui prouverait mathématiquement que tous les corps ne sont qu'un composé de lumière, comme nous l'avons avancé dans notre *Sanctuaire* (1),. et comme le pense M. Reichenbach.

2° Si, au contraire, cette barre de fer n'est, selon les physiciens, que traversée simplement par ce fluide universel ; il nous reste à savoir si ce fluide est modifié dans son passage par les pores mêmes de la barre de fer, ou s'il en sort tel qu'il y entre ? Dans le premier cas nous aurions la clef des différentes propriétés *modificatrices* attribuées par les chimistes et par les magnétiseurs à toutes les formes de la nature, et à l'homme en particu-

(¹) Voir également page 80 de notre *Magie magnétique*.

lier... Nous pourrions comprendre comment tel fluide peut être sain ou mal sain ; mais comme pour être ainsi modifié, il faut que ce fluide s'agrége des molécules dans les milieux traversés par lui, milieux qui ne seraient pas de sa nature, milieux qui, le modifiant, seraient également *modifiés par lui*, il en découlerait petit à petit un changement dans les principes constituants de toutes choses... Si ces milieux cèdent ainsi leur principe constitutif, chaque chose devient forcément ce qu'elle n'était pas... Où arrivons-nous avec une telle conclusion ? A une transmutation permanente qui promet au progrès, ou au néant !... Car, que les milieux mauvais l'emportent sur les bons, le néant en est le résultat, et *vice versa*.

Si dans le cas contraire, ce fluide sort des tubes poreux de toutes formes, tel il y entre, ne le modifiant, ni n'en étant modifié : il leur devient inutile ; car qui ne donne et ne reçoit rien est le propre RIEN de toutes choses, objectera-t-on ?... Je répondrai comme je le fais au paragraphe 12, que sans admettre un courant hétérogène à la sphère de l'objet, il peut être expliqué comment ce fluide peut traverser les groupes, ne leur apportant, ni empruntant rien, mais leur imprimant son propre mouvement. (Voir le paragraphe précité.)

3° Si l'on dit : il entretient la vie de ces formes, nous demanderons si c'est en s'assimilant à ces formes par des agrégats, ou des sensations ? Les

agrégats nous sont connus et nous les étudions :
mais les sensations ! Qu'est-ce que sentir ? si
ce n'est le passage des corpuscules précités,
passage qui doit être un *va* et *vient* ou un déplacement définitif de ces corpuscules. Si nous
admettons le déplacement définitif, nous leur
substituons d'autres corpuscules, qui semblent bien
être ces courants hétérogènes à l'être ; dans ce
dernier cas, nous détruisons de nouveau la stable
collectivité des corpuscules composant les formes.
Nous expliquons le mouvement de *va* et *vient*,
paragraphe 12.

4° Si le fluide *odique* sort des fleurs, comme
l'assure M. Reichenbach, offrant à l'œil les nuances
les plus détaillées de leurs couleurs, nous demanderons aux physiciens, si ces fleurs colorent ce
fluide, ou si c'est ce dernier qui colore les fleurs ?...
Ces deux propositions nous conduisent à admettre
qu'il y aurait modification d'un côté ou de l'autre... que l'un prend à l'autre ce qu'il possède, ou
ce qui le constitue ?... Cela nous ferait retomber,
sans le vouloir, dans notre deuxième proposition,
qui présente deux impossibilités devant l'immortalité et l'inaltérabilité de toute chose... Nous
tremblons de penser qu'il y aurait transfusion de
quoi que ce soit dans les principes constituants
des formes ; transfusion qui conduit à l'anéantis-
sement du moi, et à dire que l'individualité ne
serait qu'un mot vide de sens.

Nous sommes donc encore de l'avis de M. Reichenbach, en disant que CE FLUIDE EST L'ESSENCE ET LA VIE MÊME DES CHOSES EN ELLES, ET NON HORS ELLES ! Que conclurez-vous, savants chimistes ?

5° Si au contraire vous dites : l'homme est ainsi traversé par l'OD de M. Reichenbach, au point de représenter aux yeux du sensitif une forme phosphorescente projetant sans cesse, comme tous les formes citées par lui, ce fluide sortant par toutes les pores de son être, on peut vous poser à son égard les mêmes questions que nous venons de présenter, questions qui offrent les mêmes difficultés d'appréciation ?

6° Si, selon ce savant, ce fluide produit des sensations de *chaud* et de *froid*, nous vous demandons encore s'il est l'un et l'autre par lui-même, ou s'il ne fait que déterminer ces sensations, qui seraient alors inhérentes à l'être, comme paraît l'admettre l'auteur ? Dans le premier cas, ce ne serait plus un OD universel, mais bien deux OD différents ; et dans le deuxième cas, il serait un double excitant de sensations inverses. Ce serait admettre la dualité dans l'unité, vous préférerez qu'ils soient deux, car l'UN ne peut fournir deux selon vous.

7° Si vous nous dites que ce fluide est le messager, le porteur, le *charieur*, des atômes nécessaires au développement de chaque forme, vous en faites alors une mer universelle, indivisible ou divisible ; indivisible étant un seul moi, une seule manifestation, ou divisible étant la vie dans les corpuscules qui la composent. Le premier cas nous paraît inadmissible, le deuxième ne le paraît guère plus, car il représenterait une création en dehors de celle qui nous est connue, ayant charge de mouvoir mécaniquement cette dernière, ce serait concéder, à un corpuscule OD, de mouvoir un corpuscule anti-od ; mais nous retomberions dans la vie corpusculaire, si palpable et si mal appréciée par vous en nos jours.

8° Si vous répliquez que ce fluide a la puissance seulement d'entretenir les sensations de l'être, nous vous demanderons s'il procède dans ce travail en simple unité, ou en unités multiples, vu que les sensations de l'être sont nombreuses et très dissemblables ? La proposition suivante semble affirmer celle-ci.

9° Si, dans l'expérience des fleurs et de toutes les substances précitées, c'est l'OD qui porte les couleurs qui sortent de ces substances, *couleurs si bien décrites par les sensitifs*, on doit supposer cet OD de 7 couleurs, et même de 72 nuances de couleurs classées jusqu'à ce jour. Il doit en être de même pour les *sons* et les *arômes*. Où allons-nous dans cette étude abstraite, direz-vous ?... Je vous répondrai : 1° qu'il peut exister 72 nuances d'OD ainsi que le nombre de *sons* et d'*arômes* connus, sans que cette complication en soit une ; au contraire, elle doit être une simplification des choses connues, en faisant rentrer chacune dans un groupe ou dans une unité, que nous ne pouvons apprécier dans le *tohu-bohu* où nous trébuchons matériellement à chacune de nos observations ; 2° je vous répondrai en plus, que nous allons dans cette étude où beaucoup de vous ne veulent pas aller. Les savants ont déjà trop des fluides connus, sans désirer d'en admettre d'autres, vu que le mot fluide devient d'une insuffisance ridicule dans la bouche d'un scientifique, s'il ne *sait* ou ne *peut* analyser ni connaître ce qu'est un fluide, et surtout ce qu'est le FLUIDE DES FLUIDES ?

10° M. Reichenbach assurant que tel courant ou émanation d'OD, sortant de telle substance, peut impunément traverser, *transpercer* une émanation d'OD contraire, sans perdre rien de son inaltérabilité, nous prouve que chaque manifestation d'OD est conservatrice d'elle-même pour elle-même, sans concourir autrement à la conservation générale que par la solidarité de sa *contiguïté* sans doute ; mais cette proposition nous conduit à celle-ci, direz-vous ?

11° Un fluide quelconque, qui sort de quelque chose, vient de quelque part pour aller autre part : c'est une espèce de fil fluidique tendu entre deux extrémités qui échappent à nos yeux ? Je vous demanderai à mon tour : 1° Pourquoi ce courant fluidique en ligne droite cesse-t-il d'être aperçu à certaine distance de son point de départ, comme nous l'assure le savant dans l'expérience de la barre de fer ? 2° Pourquoi ce courant peut-il être

intercepté par une simple feuille de papier, à
moitié de sa course, sans que ces deux moitiés semblent se rejoindre?... Ceci nous conduit à penser
qu'il en est ainsi pour le présumé courant *sud-nord*
ou *nord-sud* que vous admettez, et que la position
de l'aiguille n'est qu'un effet d'orientation de sa
part vers ces directions. Il en est de même de
l'od qui compose chaque forme, ce n'est qu'une
orientation de sa part vers des directions d'affinités. Cela ne prouve toujours pas un courant
substantiel ou fluidique, hétérogène à ces formes
qui, en dehors d'elles, les traverse à volonté ; car
les courants auxquels les fleurs devraient leurs
couleurs, coloreraient de même nuance toute la
ligne traversée par eux... Si vous objectez que ces
fils pourraient être tendus perpendiculairement au
lieu de l'être horizontalement ? (1) Je répondrai
que la question reste la même, vu que le dessous
comme le dessus des objets, porteraient les mêmes
couleurs, ce qui n'a pas lieu d'après les expériences
précitées... Il en serait encore de même pour les
AROMES, il y aurait des fils AROMAUX indestructible-
ment tendus dans une direction quelconque,
par conséquent saisissables par tous les êtres placés
dans ces directions : ce qui n'est pas, M. Reichenbach nous le prouve, vu qu'il circonscrit cette
émanation dans les limites qui sont du domaine de
la sphère des corps dont elle sort. Cette proposition

(1) La proposition de la page 85 semble l'indiquer.

prouve encore celle de notre *sanctuaire du spiritualisme* sur ce sujet.

12° Dans sa 10° lettre, M. Reichenbach conclut que tout ce qui existe à nos yeux d'objectivités matérielles, n'est qu'un composé, qu'un agrégat de ce même OD lumineux, ce qui constitue la matière entièrement composée de LUMIÈRE... Cette conclusion est encore celle que nous avons présentée dans le *Sanctuaire* précité, après avoir jugé cette question *objectivement de nos yeux.*

Voilà comme nous croyons devoir résumer cette précieuse découverte démonstrative.

L'ESPRIT UNIVERSEL, substance de toutes formes : OD ou MAGNÉTISME, existe à n'en pouvoir douter. Il est répandu d'un pôle à l'autre de l'univers (si l'univers a des pôles) ; mais nous pensons qu'il est assigné par le GRAND RÉGULATEUR de cet univers, à tous les êtres ; qu'il *forme*, et qu'il *enveloppe* sous forme de sphère fluidique... Sphère mise en mouvement continuel de VA et VIENT, des extrémités de sa circonférence à son point central, par l'âme du mouvement général, qui est DIEU.

Ce mouvement de VA et VIENT des corpuscules *lumineux* ou *odiques* qui composent chaque forme et chaque sphère de forme, est le fait, oserons-nous dire (pour trouver une fiction saisissable), de la respiration de l'ÉTERNEL. Les orientations que prennent les courants supposés, sont dues à la *collective contiguité* des sphères dans leur justa-posi-

tion : collectivité qui ne peut souffrir aucune déso-
rientation sans en ressentir une gêne plus ou
moins compressive. Telle doit être la loi du plein ;
l'univers ne peut offrir de vide.

Je sais que l'on m'objectera que le plein ne
souffre pas non plus de mouvement. Je répondrai, oui, un plein d'eau dans un plein d'eau...
Mais ce sont des pleins différents entre eux qui
composent le plein universel... Ce sont des pleins
comparables dans l'homme, aux os et au SOUFFLE
de ce dernier... Chacun comprend que le plein du
souffle de l'homme puisse mouvoir le plein de ses
os, et des différents organes dont il est plein lui-
même !... Chacun comprendra encore mieux, par
cette simple fiction, comment le plein typique et
universel de la création *ait pu* ou *soit* mu par le
souffle du CRÉATEUR même; souffle, cause primor-
diale et éternelle de tout *mouvement*, de tout
ATOME ! cause d'une absorption et d'une émission
apparentes, d'où doivent découler des *déplacements*
et des *courants* également apparents.

On m'objectera encore qu'il est prouvé qu'il
existe des absorptions positives de corpuscules, de
forme à forme, comme on le remarque dans la
nutrition et dans l'action même du magnétisme que
j'admets.

Je répondrai que le mot *absorption* est pris par
quantité de physiciens comme l'égal de *transfusion*, ou perte du moi. Je n'accepte pas cette proposition dans le mécanisme de la nutrition ; je ne

vois dans cette action qu'une désagrégation des
formes en atomes, qui retournent chacun à leur
état typique individuel. Atomes qui, dans ce travail de disjonction, passent à travers des groupes
d'atomes semblables à eux, selon l'espèce de chacun, et communiquent simplement à ces derniers
une propulsion, une activité qui pourraient s'en-
gourdir si ce secours mécanique ne leur était pas
apporté. Ces atomes passagers, dans certaines conditions, aident encore à ces groupes à se débarrasser
d'agrégats qui les obstruent et nuisent à l'harmonie
du mouvement général de l'être, dont ils forment
'habit.

Dans l'action du magnétisme humain, je n'y vois
qu'un semblable travail. C'est une espèce de coup
d'estoc, dirai-je, d'atomes à atomes, à seule fin
d'aider les atomes paresseux à reprendre leur action
dans l'harmonie du mouvement universel... Je ne
vois pas dans ce secours, ce coup *d'estoc*, une
transfusion d'un atome dans un atome, enfin, une
succession ni une perte de *moi* atonique... Je vois
un atome ramassant, encourageant, ranimant un
frère embrouillé dans ses sensations... Ce coup
d'estoc me parait bien être prouvé par les expériences du savant que nous étudions, dans l'agitation des différents liquides qu'il nous cite;
agitation qui produit seulement une expansion
momentanée de la lumière *odique* contenue dans
chaque liquide... Si l'on me dit que les phénomènes du somnambulisme et de l'extase prouvent

une extension immense de ces présumées sphères fluidiques ou *odiques* dans lesquelles et desquelles je crois, chaque être *formé* et *enfermé*... Je répondrai que je m'en tiens à cet égard, plus que jamais, à ce que j'ai dit dans le *Sanctuaire du Spiritualisme*, qui est que je crois que chaque moi est enfermé dans une sphère possédant toutes les objectivités nécessaires à la vie de ce moi, comme je crois l'homme enfermé dans une sphère microcosme, où l'univers est représenté en petit... Les objectivités vues par les sensitifs de M. de Reichenbach sous forme de substance lumineuse et colorée, ou od, ne sont que l'enveloppe ou les enveloppes de créations bien autrement curieuses dans leur interne, que dans leur externe. Si ces sensitifs avaient eu la vue étendue au même degré que nos extatiques, ils eussent décrit les mêmes propositions que contient notre *Sanctuaire*. Mais alors M. Reichenbach n'eût pas été aussi démonstratif qu'il l'est dans son ouvrage, et n'eût pas fait faire les progrès qu'il fera faire à nos études.

On pourra me demander alors qu'est-ce que la matière ? Existe-t-elle comme nous la voyons de nos yeux dans ses objectivités permanentes, sa pondérabilité et ses étendues ?... Je répondrai, lisez dans la *magie magnétique* que je publie, l'article ayant pour titre : *Convulsionnaires*, et lorsque vous m'aurez expliqué ce qu'est la matière, je le saurai.

La matière n'est pour moi, jusqu'à ce jour,

qu un ÉTAT, qu'une APPARENCE d'objectivités, qu'une MODIFICATION D'OPTIQUE SPIRITUELLE, imposée à chaque être par celui qui SEUL sait ce qu'est la matière... A midi frappant sur une borne, je vous répondrai voilà la matière !... A minuit, frappant sur l'enclume de ce que vous appelez mes rêves, je répondrai voilà la matière... A midi, je me surprends à nier ce que j'affirme à minuit, et à cette heure je nie ce que j'affirme à midi... Devant l'*extase* le *somnambulisme*, et ce que vous nommez *hallucinations*, je ne sais plus rien, car vos écoles ne m'ont rien appris à ce sujet. J'attends que la cloche de la classe éternelle sonne pour rentrer sous l'œil du *seul* maître qui peut m'expliquer qu'est-ce que la matière? Qu'est-ce que l'homme? Qu'est-ce que l'OD? Si je mérite connaître ces choses...

PARTIE MÉDICALE.

Nous venons de traiter le côté métaphysique de cette question. Nous allons essayer de traiter celui médical, car ce *sensitivisme*, n'est pas une propriété inhérente à un corps jouissant d'une parfaite harmonie de santé ; du moins nous le pensons ainsi par la raison toute simple que nous sommes dans l'état nésessaire pour l'apprécier nous-même. Depuis bientôt quatre années, nous sommes un sensitif de premier ou de dernier ordre, selon comme M. Reichenbach nous classerait ; mais, à coup sûr, nous nous trouvons très ridicule selon le peu de raison qui nous reste. Nous ne balançons donc nullement à nous croire malade de corps, cela soit dit sans le moindre secours de notre imagination, qui a conservé toute la plénitude de son observation, et regrette beaucoup son ancienne gaîté. Nous voudrions bien, comme le gamin de Paris, faire un pied de nez à ce *sensitivisme*, que la science officielle nomme simplement *hypocondrie*. Nous avons conté nos souffrances et nos petits travers d'esprit à d'excellents médecins, physiciens et philosophes, tous nous ont traité selon leurs moyens, et en désespoir de réussite, ils nous ont dit très bravement : Mon cher, vous êtes *hypocondriaque*. Qu'est-ce qu'un *hypocondriaque* leur avons-nous demandé ? Ils nous ont répondu c'est un homme qui a les hypocondres malades... Qu'est-ce que les hypocondres avons-nous continué ? Nous ne savons, ont-ils ajouté ; c'est un nom donné à une cause de troubles inexplicables, nom qui personnifie des organes qui n'existent pas (suivant le savant docteur Sandras, *traité des maladies nerveuses*.) Alors avons-nous conclu, nous sommes selon nous ce que nous ne sommes pas selon la science officielle. Mais comme il faut un nom à toute maladie, nous acceptons de préférence au vôtre celui donné par M. Reichenbach à ce genre de sensibilité, donc nous sommes un *sensitif*. Oui, nous sentons ce que les autres ne sentent pas, et le savant chimiste dont nous nous occupons, nous vient en aide pour expliquer pourquoi nous trouvons une jeune et jolie femme mieux placée à notre gauche qu'à notre droite ; pourquoi nous préférons adresser le salut de l'indifférent à un ami que la poignée de main fraternelle ; pourquoi certains contacts, vue, odeur, audition de sons et d'actes, nous font souffrir horriblement. Jusqu'à présent tout magnétiste que nous sommes, nous n'avions osé expliquer ce phénomène de la même manière que M. Reichenbach, quoique nous ayons pressenti les mêmes causes ; mais nous ne les avions pas étudiées comme lui et nous manquions d'autorité pour émettre notre opinion. Nos manies nous semblaient si bêtes et si contraires à toute logique que nous en rougirions encore, si nous avions le sens de le faire ; mais un sensitif ne sait rien faire comme un autre, il dit je souffre, voilà sa plainte et la seule raison qu'il peut donner de ses travers d'esprit. On nous demandera sans doute quelle est cette souffrance, ou est son siége, quelles sont ses manifestations ?... Il nous est très facile de donner ces quelques détails, surtout en ce qui nous concerne, les voici... Lorsqu'un des contacts précités, vient à effleurer l'atmosphère qui nous entoure, nous sentons une chaleur électrique, qui semble partir de l'aine gauche, puis monter vers le flanc du même côté nommé hypocondre, s'étendre en forme de ceinture tout autour des reins, y produisant une chaleur comparable à celle de l'application d'une compresse

d'huile bouillante. Cette chaleur gagne bientôt
l'orifice de l'estomac, qui se convulse, à son approche, en opérant un mouvement de pression sur la
circulation sanguine du cœur : il s'en suit une
contraction nerveuse et chaleureuse en même
temps sous le sein gauche, sensation qui fait rechercher un siége au plutôt pour se poser noble-
ment afin de ne pas tomber sur son postérieur,
comme une petite baronne en syncope. L'œil reste
bon, parce qu'on se souvient qu'on est un homme ;
mais l'esprit voudrait bien voir son vêtement ac-
croché à meilleur étalage. Si ces sensations sont
dues directement au toucher de quelque chose qui
vous est antipathique, la partie du corps qui a été
ainsi touchée, sent se manifester en elle un four-
millement *raide* et *froid* qui gagne les parties voi-
sines, puis entre assez profondément dans les
chairs, pour croire à un engourdissement *glacé*
dans la moëlle même. Etant en compagnie l'on
reste dans cette triste position jusqu'à ce qu'il
vous soit facilité d'en sortir, si ce sont vos mains
qui ont touché cet objet *hallucinant*, vous vous
sentez le plus heureux du monde lorsque vous trouvez un vase d'eau dans lequel vous déposez ce
macul, venant on ne sait d'où. Voici les douces
jouissances d'un *sensitif* malade... N'est-ce pas
farce, disent les rieurs ? Nous dirons le contraire,
intéressé que nous sommes dans cette question.
Cela est triste pour la science de ne pouvoir apprécier ni guérir un tel trouble, et cela est pénible

pour l'homme jouissant de toutes ses facultés intellectuelles de ne point posséder celle d'être
moins sot en compagnie. Que de fois ai-je fait l'of-
frande d'un de mes membres au saint le plus en
renom du calendrier chrétien ou payen pour m'en-
lever ce *sensitivisme*, qui me force à souffrir des
douleurs des autres, et fait de mes sensations une
espèce de collectivité universelle ! Je voudrais pouvoir *savoir* et être *sensible* sans payer aussi cher l'ac-
quisition de ces choses, dont on dit que cet état est
la conséquence.

J'ai cependant cru être plus heureux que beaucoup d'autres, car je riais avec mes amis des tour-
ments de mon corps, vu que l'esprit était resté
libre : mais que d'études ai-je faites sur cette question pour en connaître la *loi* ; médecins, physiciens,
et philosophes ne m'ont rien appris sur ce sujet.
Ma lucide Adèle m'a dit *une seule fois* dans un état
de clairvoyance très élevé ce qu'il y avait de plus
admissible pour un logicien qui ne se paye pas de
phrases ronflantes et *creuses au fond* ; aussi ai-je
relaté cette séance dans le *Traitement des maladies*, etc. Je n'attends pas meilleure définition en ce
qui concerne les combinaisons matérielles de la
vie du corps, surtout lorsque ce dernier ne présente aucune lésion appréciable à l'œil du médecin.
Mais dans la généralité des cas ce *sensitivisme*, est
selon moi, une privation d'harmonie dans la circulation des liquides ou fluides qui traversent nos organes. Ce défaut d'harmonie enfante (par priva-

tion ou abondance d'électricité vitale, ou OD), une circulation paresseuse ou capricieuse, trop calme ou trop vive, enterrant l'univers de nos affections dans son apathie, ou brûlant ces affections dans ses élans fougueux. Par conséquent, chez l'être, le propulseur de l'électricité vitale, ou OD étant la bile, selon l'état de cette liqueur se trouve l'état de l'être entier. Agissez *modérément* sur ce liquide si précieux et si contraire à l'existence matérielle, chassez-le ou modérez-en l'ardeur par des purgatifs DOUX et des boissons amères, puis étudiez M. Reichenbach, ses propositions sont adressées à la partie spirituelle de votre individu, combattez la partie matérielle par des remèdes appropriés.

D'après les démonstrations de ce savant, l'orientation des lits ou établi des sensitifs doit être dans le sens des pôles qu'il a reconnu chez l'homme, nous admettons d'autant plus cette proposition pour les sensitifs malades, qu'elle porte avec elle sa démonstration sans avoir recours à l'expérience ; en effet, il y a dans la sphère qui entoure notre globe un *Sud* et un *Nord*, affirme la boussole. Si des *courants* selon les physiciens, et des *orientations* selon moi, existent entre ces deux points du globe, il doit en exister d'autres pour les autres points. Cela paraît indubitable. Nous dirons donc que ces *orientations* sont quelque chose de contigu, de solide même, puisqu'elles dirigent l'aiguille aimantée. Si cela est ainsi, cela est par une raison qui nous échappe, et cette raison est assez puissante pour

être *éternelle* et *indissoluble*. Cette raison est donc
une FORCE, une PUISSANCE, une UTILITÉ, s'adress-
sant à quelque chose. Tout ce qui lui fait obstacle
reçoit d'elle la même somme de trouble qu'il lui
en cause... Que peut être ce trouble?... Une com-
pression, un non-mouvement de ce qui ne peut et
ne doit pas être arrêté ni compressé... Si je présente le flanc de l'aiguille aimantée vers le nord,
je n'obtiens aucun résultat physique : cela va sans
dire. Pourquoi?... Parce que je présente des pores
non disposés à cette orientation, au lieu de leur
présenter des tubes dont la juxta-position offre des
facilités à cette même orientation... Ce qui se
passe pour l'aiguille aimantée, peut très bien se
passer dans les corps organisés de tous les règnes,
et principalement chez l'homme, qui contient, dit-
on, la quintessence de ces règnes... Pourquoi
l'homme, qui ressemble si bien par la forme à l'aiguille de la boussole, n'aurait-il pas les mêmes
propriétés que cette dernière?... Pourquoi les
tubes musculaires nerveux et osseux de son habit
de chair, n'exigeraient-ils pas cette orientation?...
Pourquoi la sphère *odique* qui, selon nous, entoure chaque forme, n'aurait-elle pas de l'analogie
avec cette forme, étant ronde chez les uns, ovale
ou carrée chez les autres, et accidentée de mille
manières chez tous, par conséquent, ayant besoin
d'obtenir la position imposée par l'harmonie universelle à chaque espèce de forme. Si les observations de M. Reichenbach sont exactes, ses pro-

positions sur ce sujet sont irrécusables. Contrarier ces courants ou orientations dans leurs affinités, c'est contrarier celles des corpuscules matériels du corps humain qu'ils composent; c'est rompre la relation qui doit exister entre eux ; c'est opposer volontairement ou involontairement un obstacle à l'action de cette orientation... Si cette sortie par tous les tubes de l'être, d'une certaine émanation fluidique ou odique, est prouvée *à priori*, il est également prouvé que ce fluide sort poussé hors ses réservoirs ou ses conducteurs par une force qui ne demande pas de résistance... Si cette sortie a lieu dans des conditions identiques de directions, les directions recherchent donc les orientations, et la proposition de M. Reichenbach nous semble applicable à un grand nombre de troubles humains sans causes connues, troubles qui pourraient bien les trouver dans les propositions de ce savant. Nous sommes d'autant plus prêt à admettre ce genre inoffensif de médication que depuis que nous en avons connaissance, nous avons déjà fait quelques remarques qui nous engagent à en user.

Que ceux qui aiment l'étude dépouillée de toute idée préconçue, ne rejettent pas ce qu'ils viennent de lire, et que les magnétistes studieux saisissent toute la portée de cette précieuse découverte. Nous pourrons ajouter comme témoignage antérieur à cette proposition, celle du savant minéralogiste (spécialement) et savant en toutes sciences,

Emmanuel Swedenborg. Dans ses révélations terra-
sco-célestes, il assure que les anges et esprits du
bien sont continuellement la face tournée devant le
soleil, emblême de Dieu, dit-il, et que les esprits
du mal sont tournés dans la direction opposée.
Cette proposition toute spiritualiste, ne sera pas
prise en considération, je le sais, par ceux qui ne
croient pas à une vie future ; mais, étudiée seulement à titre de renseignement pour tous, elle
vient certifier celle de M. Reichenbach, elle est
en plus un renseignement pour les magnétistes
spiritualistes, en leur prouvant que la droite des
lucides où ces derniers assurent voir ces mêmes esprits du bien, se trouve être la gauche de Dieu,
par conséquent le côté représentatif du cœur,
foyer de tout amour. Ne voulant pas intervertir
l'ordre de mes observations, je passe aux appréciations spiritualistes.

—

PARTIE SPIRITUALISTE

Il ressort une troisième sorte d'étude, des
nombreuses démonstrations de M. Reichenbach ;
mais cette étude est la plus négligée et sera la
moins prise en considération par les hommes du
jour. Pourquoi ? Parce que si le sujet est obscur,
le lieu d'étude que nous présente ce savant ne
l'est guère moins. En effet, errer parmi les
tombes, si fraîches ou si anciennes qu'elles soient,

si riches ou si modestes qu'elles s'offrent à nos
yeux, afin d'y rechercher ces émanations corpusculaires dont nous parle l'auteur, émanations qui
semblent monter lentement vers d'autres sphères,
ou se reposer sur la nôtre pour redescendre se
grouper de nouveau dans le sein de nos filles, est
une étude qui ne vaut pas celle de la marche des
globes (si les globes marchent), du progrès des
sciences physiques, sociales et politiques (si ces
sciences progressent), ou bien des bonnes manières avec lesquelles les savants débitent leur
savoir à de bonnes gens, qui ne savent pas après
cette audition ce que le professeur n'a pas su leur
enseigner, il y a dans ces choses des phrases à
imprimer, des discours à prononcer, des honneurs
à recevoir ; tout cela tente les amateurs assez
pour ne pas s'occuper de ceux qui ne connaissent
plus ces futilités, et voudraient nous voir partager
leur sagesse. Hélas ! tout ce bruit et ces honneurs
terrestres ne sont que des états fugitifs dans lesquels les individualités meurent en naissant, sans
savoir d'où ces choses proviennent et où vont-
elles ; si elles ont une cause précédente et une
cause ultérieure ; si ce déplacement de pensées et
d'actions chez l'homme ne représente pas exactement celui des corpuscules odiques de la *vie* et de
la *tombe*.

Voir, avec M. Reichenbach, ces corpuscules
errer au gré de la brise, sur ce marbre froid, est
voir quelque chose, dirons-nous ; mais ce n'est

rien connaître. Que sont ces corpuscules, d'où
sortent-ils, qui les anime et où vont-ils? deman-
derons-nous... Si ces corpuscules sont eux-mêmes
l'*od* précité, ils sont donc tout ce qui est CONNU,
de plus INCONNU et de plus nouveau pour aujour-
d'hui. S'il y a des années qu'ils reposent en paix
sous ce marbre, et qu'il leur plaise dans ce jour
de folâtrer dans les cieux, ils sont donc quelque
chose de *vivant* et de *pensant*. S'ils vivent et
pensent, et qu'ils soient la seule substance du
corps qu'ils ont *mû* autrefois, corps présumé mort
aujourd'hui, nous dirons : ce corps n'est donc pas
mort, mais bien *étendu*, *dilaté*, *divisé* en corpuscules qui semblent ne pas se quitter, et se rejoindre
tous vers des lieux inconnus, pour y construire un
nouveau vêtement à l'âme qui habitait le dernier.

Où arrivons-nous, d'un sens comme de l'autre,
avec cette double proposition?... Ces corpuscules
s'agitent, et le font dans un but de réharmonie à
n'en pouvoir douter... Dire que c'est pour recom-
poser un corps nouveau dans le sein d'une femme
matérielle, ou dire que c'est pour en former un
spirituel ailleurs ; c'est toujours dire que ces corpuscules reforment un corps quelconque avec
connaissance de cause, ce qui donne une forte
idée de l'immortalité de ces corpuscules !... Hélas ! admettre, après preuves reçues, qu'un corpuscule ne peut mourir, et dire, avec la même
somme de preuve, que l'âme, ce moi humain, ce
CORPUSCULE DIVIN, est seul soumis à la mort !

N'est-ce pas dire ce qu'il y a de plus ridicule au monde? Cependant c'est ce qui se dit avec le plus de savoir-vivre possible! Que dis-je, moi-même? avec le plus de savoir-mourir possible!... Nous ne craignons pas d'affirmer, à notre tour, que M. Reichenbach parvienne à prouver l'exactitude de ses propositions; il aura fait plus, à lui seul, en faveur de l'immortalité que toutes les démonstrations morales, religieuses et philosophiques. Il aura prouvé l'existence d'un monde antérieur et futur, duquel et dans lequel personne ne veut sortir ni aller... M. Reichenbach aura gagné le but que nous envions d'atteindre depuis tant d'années, qui est de démontrer aux hommes qu'ils sont plus qu'un peu de boue et de sottises! Il leur aura démontré ces choses en riant, devant leurs émanations tumulaires. Et nous, avec tout notre sérieux, nos *Arcanes de la vie future dévoilés*, nos apparitions, nos conversations avec les décédés et nos mille et une preuves métaphysiques *irréfutables*, nous aurons passé pour un cerveau détraqué, un fiévreux hypocondre, un fou passionné pour les cyprès et les crânes vides!... Oh! humanité insouciante et orgueilleuse de ton ignorance, tu n'es pas destinée à périr dans l'ornière dans laquelle t'ont précipitée des philosophes *nécessiteux*, qui, honteux de leurs œuvres, ont désiré les couvrir du manteau muet de la tombe!... Non, cela n'est pas ainsi, chacun de nous vit éternellement, enfermé dans ses crimes et ses vertus. Ces actions sont bien précieusement scellées dans le sein de ces corpuscules qui sortent de ce cadavre cru privé de vie ! C'est un avoir duquel personne ne peut se dessaisir dans l'autre vie qui suit celle-ci. Monde où la *lumière odique spirituelle* sait fort bien montrer aux yeux de tous ce que chacun voudrait pouvoir cacher à tous les yeux ; nos somnambules magnétiques en sont les témoins irréfutables. Adieu alors la parole égoïste et menteuse, il *faudra penser tout haut* dans ces lieux ; entendez-vous, grands et petits de ce globe, penser ses *crimes* et ses *vertus* tout haut !... C'est alors là, où celui qui aura pris la plus grande charge d'âmes ici-bas aura le plus de comptes à rendre, de PARDONS à demander ou de BÉNÉDICTIONS à recevoir avant de rentrer dans le sein de celui qui est L'ÉQUITÉ même.

Encore une fois, merci, monsieur Reichenbach, pour vos révélations odiques de la tombe ; soyez assuré que ces IMAGES, ces OMBRES, ces FANTÔMES aériens dont vous parlez feront le tour de notre globe, et l'enfermeront dans leur vaste manteau immortel, afin de le protéger contre les tempêtes *ricaneuses* de nos *gros*, *grands* et *volumineux* matérialistes du jour.

ALP. CAHAGNET.

—

Saint-Amand (Cher). — Imp. DESTENAY, Bussière frères.

Œuvres de CAHAGNET

Arcanes de la vie future dévoilés. 3me édition. 3 vol. in-18. . . . . 15 fr. »»

Abrégé des merveilles du ciel et de l'enfer, d'Emmanuel SWEDENBORG, 1856. 1 vol. in-18. . . . . (Épuisé).

Abrégé de l'histoire des cérémonies, coutumes religieuses et superstitions de tous les peuples du monde. 1882. Brochure in-18. (Épuisé).

Cosmogonie et anthropologie, où Dieu, la terre et l'homme étudiés par analogie. 1880. 1 vol. in-18. . . . . 3 fr. »»

Encyclopédie magnétique spiritualiste, 1851 à 1862. 7 vol. in-18. 28 fr. »»

Études sur l'homme. 1853. Brochure in-18. . . . 1 fr. »»

Étude sur le matérialisme et sur le spiritualisme. 1869. 1 vol. in-18. . . . . 1 fr. 75

Étude sur l'âme et sur le libre arbitre, brochure in-18. 0 fr. 75

Force et matière, réfutation de l'ouvrage de BUCHNER, brochure in-18, 1860 . . . . 0 fr. 75

Guide du Magnétiseur, 3e édition. Brochure . . 1 fr. »»

Introduction aux études Swedenborgiennes. 1886. 1 vol. in-18. . . . . 1 fr. »»

magie magnétique. 3me édition. 1 volume in-18 de 520 pages . . . . 7 fr. »»

Lumière des morts. 1851. 1 vol. in-18 . . . . . (Épuisé).

Lettres odiques du chevalier de REICHENBACH. Un volume in-18. Traduction, 2e édition. . . . . 2 fr. 50

La Bible et ses idiots défenseurs. 1 vol. in-18. 2 fr. »»

Méditations d'un penseur. 1860. 2 vol. in-18 . . 10 fr. »»

Magnétiseur et spiritualiste (Journal le), 1847 à 1851. 2 vol. in-8 . . . . 6 fr. »»

Révélations d'outre-tombe. 1856. 1 vol. in-18 . (Épuisé).

Sanctuaire du spiritualisme. 1857. 2e édition. 1 volume in-18. . . . . 5 fr. »»

Traitement des maladies. 1851. 1 vol. in-18 . . (Épuisé).

Thérapeutique du magnétisme et du somnambulisme appropriée aux maladies les plus communes, aidée par l'emploi des plantes les plus communes. 1883. 1 vol. in-18. 5 fr. »»

Traité pratique de l'application de la carte porcelaine en photographie. Brochure in-18. . . . . 1 fr. »»

www.ingramcontent.com/pod-product-compliance
Lightning Source LLC
Chambersburg PA
CBHW051724090426
42738CB00010B/2070